Jean-Claude Turcotte

Les grandes entrevues
Pierre Maisonneuve

Jean-Claude Turcotte

L'homme derrière le cardinal

NOVALIS

Cette grande entrevue de Pierre Maisonneuve avec **Jean-Claude Turcotte** est publiée par Novalis.

Direction de la collection: Pierre Maisonneuve

Direction littéraire: Josée Latulippe

Couverture: Katherine Sapon
Photographie couverture: Laurence Labat

Éditique: Gilles Lépine

Photographies: Robert Nadon, *La Presse*, p. 8; Yvan Desrochers, *L'Église de Montréal*, p. 19, 67, 117, 140; archives familiales, p. 32, 61; Garcia, p. 35; Arturo Mari, *L'Osservatore romano*, p. 83; Josée Latulippe, p. 142, 172.

Dépôts légaux: 1er trimestre 1998
    Bibliothèque nationale du Canada
    Bibliothèque nationale du Québec

Novalis, C.P. 990, Outremont (Québec) H2V 4S7

Données de catalogage avant publication (Canada)

Turcotte, Jean-Claude, 1936-

    Jean-Claude Turcotte : l'homme derrière le cardinal

    (Les grandes entrevues Pierre Maisonneuve)

    ISBN 2-89088-957-2

    1. Turcotte, Jean-Claude, 1936-   - Entretiens. 2. Cardinaux - Québec (Province) - Entretiens. I. Maisonneuve, Pierre, 1942-   . II. Titre. III. Collection.

BX4705.T83A5   1998   282'.092   C98-940174-X

ISBN: 2-89088-957-2
Imprimé au Canada

NOVALIS

Présentation

Pourquoi cette rencontre?

À l'aube du troisième millénaire, à l'heure où l'on ne sait plus que faire des églises vides, où la recherche de spiritualité conduit bien souvent vers les sectes, l'ésotérisme, la scientologie ou la cosmologie, que vaut le témoignage d'un cardinal de l'Église de Rome?

À l'heure où les riches sont de plus en plus riches, où les pauvres sont de plus en plus pauvres, particulièrement dans le diocèse de Montréal, que valent les sermons sur les déséquilibres du «marché» et les appels à la solidarité d'un cardinal archevêque à l'abri des incertitudes du lendemain?

À l'heure où les gens agissent selon leur conscience personnelle dans toutes les sphères de leur vie, que valent les interdits de l'Église catholique?

À l'heure de l'éclatement des structures familiales, quel réconfort peut apporter un homme qui a renoncé à la paternité?

À tant de jeunes qui empruntent la voie du suicide pour trouver réponse à leur désarroi, que peut dire le cardinal archevêque de Montréal?

À l'heure de son propre vieillissement, au sommet de la hiérarchie de son Église, que reste-t-il de doute, de peur et de foi à ce disciple de Jean-Paul II?

Sans détour, avec sa franchise habituelle, Jean-Claude Turcotte répond à toutes ces questions.

À vous de juger de ses réponses!

Pierre Maisonneuve
Montréal, le 13 juin 1997

1

On ne naît pas cardinal, on le devient!

▨ Mgr Turcotte, pendant les quelques heures qui vont suivre nous tenterons de découvrir l'homme qui se cache derrière le titre officiel de cardinal. Vous savez, on ne naît pas cardinal...

Sûrement pas!

▨ ... on le devient. Alors pourquoi vous? Vous êtes-vous déjà posé cette question?

Oui, c'est sans doute la première question qui me soit venue à l'esprit en apprenant cette décision. Je l'ai même posée au secrétaire d'État du Vatican, le cardinal Angelo Sodano, quand il m'a annoncé la nouvelle. Mais la réponse qu'il m'a faite traitait plus des circonstances qui entouraient ce choix que de mes qualités

Le cardinal Paul Grégoire
félicite le nouvel archevêque de Montréal,
le 22 mars 1990.

personnelles. Je me suis permis un petit rappel historique au secrétaire d'État. Traditionnellement, les évêques en exercice à Québec et à Toronto sont des cardinaux, ce qui n'était plus le cas. Le secrétaire d'État m'a fait remarquer qu'il y avait bien un cardinal à Québec, le cardinal Louis-Albert Vachon, qui est toujours là d'ailleurs, mais à la retraite. La situation est la même à Toronto avec le cardinal Emmett Carter. À Montréal, il n'y en avait plus depuis le décès du cardinal Grégoire. À ma nomination au poste d'archevêque de Montréal, en 1990, il y avait encore deux cardinaux dans le diocèse: le cardinal Paul-Émile Léger et le cardinal Paul Grégoire. À l'époque, j'avais même dit au pape que mon père et mon grand-père dans la foi étaient présents dans mon diocèse. J'ai donc l'impression que le vide créé par la disparition de mes deux prédécesseurs est un élément extérieur qui a joué dans ma nomination. Quant aux autres circonstances qui ont pu agir en ma faveur? Je ne sais que dire. En fait, je dois vous avouer que je ne sais pas vraiment ce qui influence le pape dans le choix d'un cardinal; il faudrait poser la question à Rome. Mais il y a un élément à ne pas oublier: la taille du diocèse joue un grand rôle. En effet, il est assez rare — ça peut arriver, mais c'est assez rare — qu'un évêque d'un petit ou d'un moyen diocèse soit nommé cardinal. On nomme généralement cardinal l'évêque d'un diocèse important. Or, Montréal est le plus populeux des diocèses du Canada. Cet élément démographique a sûrement pesé dans la balance. Enfin, si je me permets d'extrapoler un peu, on a peut-être aimé le style de mes interventions dans l'exercice de ma fonction. Mais, je le répète, tout cela reste du domaine des suppositions.

■ *Avez-vous déjà eu une conversation à ce sujet avec le pape? J'ai l'audace de vous demander si le pape a justifié son choix auprès de vous?*

Non, non.

■ *Comment vous a-t-on annoncé la nouvelle?*

C'est en novembre 1994, à Rome, lors du synode sur la vie religieuse auquel je participais sur invitation du pape lui-même. Depuis quelques années, je ne cherchais pas à être le délégué de mes confrères évêques. Pour participer à un synode qui dure un mois, il faut compter presque cinq semaines, avec tout ce qui l'entoure; je laissais facilement la place aux autres. Les évêques du Canada élisent généralement quatre délégués aux synodes, deux francophones et deux anglophones. De plus, dans chaque secteur, on élit un substitut, au cas où l'un des deux délégués tomberait malade et ne pourrait pas participer au synode. Ces élections se font presque une année, sinon deux, avant le synode. Dans le passé, j'ai déjà accepté d'être substitut, pour le synode sur le laïcat et pour celui sur la vie consacrée, par exemple. Cela me permettait de participer à l'élaboration de la pensée canadienne et québécoise sur un sujet important pour l'Église, d'assister à des réunions, de consulter des experts dans le domaine, et donc d'avoir une excellente connaissance du dossier. Puisque j'avais participé à la préparation du synode sur la vie consacrée, le pape a décidé de m'inviter à y participer.

À la fin du synode, j'ai reçu un petit mot du secrétaire d'État. Celui qui exerce cette fonction dans l'Église est au pape ce qu'un premier ministre est au président dans certains pays; il exécute les grandes politiques. Évidemment, ce n'est pas tous les jours qu'on est convoqué par le secrétaire d'État lui-même, avec un mot écrit de sa main! Je me souviens, je me trouvais à côté de mon collègue de Québec, Mgr Maurice Couture. Je me suis tourné vers lui et je lui ai dit: «Qu'est-ce qu'il peut bien me vouloir?» Je n'ai jamais pensé à une nomination. Dans une grande ville comme Montréal, nous suivons des dossiers assez complexes; je croyais qu'un de ces dossiers avait abouti à Rome et que le secrétaire d'État voulait en discuter avec moi. Je suis allé le rencontrer et c'est là qu'il m'a annoncé la décision de Jean-Paul II. Il m'a précisé que le pape faisait un consistoire (réunion des cardinaux) pour choisir de nouveaux cardinaux — je pense que nous étions trente — de vingt-quatre ou vingt-cinq nations différentes.

Mais jamais le pape ne fait allusion au processus de nomination et aux raisons de ses choix. Je pense qu'il y a deux bonnes raisons à cela. D'abord, c'est très délicat; de plus, à mon avis, le pape n'est pas un homme qui communique beaucoup ses sentiments sur les personnes. Il exprime sa pensée sur un sujet, une doctrine, un point de foi, un texte d'Écriture, mais je l'ai rarement entendu parler de quelqu'un personnellement, ni en bien ni en mal, bien sûr. Et je le comprends. Imaginez l'impact si le pape disait «celui-ci est très bon et celui-là n'est pas bon»!

■ *Aviez-vous rêvé de cette fonction de cardinal?*

Pas du tout et j'irais plus loin: je n'avais jamais rêvé d'être évêque! J'ai d'abord voulu être prêtre dans le monde ouvrier, auprès des petits, des plus pauvres. J'ai eu la possibilité de découvrir très jeune — j'avais peut-être quinze ou seize ans — le monde des défavorisés, par le biais des colonies de vacances. Il y avait, sur les berges du Saint-Laurent, à l'époque où on pouvait encore profiter du fleuve pour la baignade, ce qu'on appelait «les Grèves de Contrecœur», un camp de vacances pour enfants défavorisés. Tous les enfants pauvres de Montréal pouvaient passer par là. Les séminaristes allaient y travailler l'été. Moi, avant même d'être séminariste, grâce à quelques copains, des anciens du collège plus âgés que moi, j'y ai été admis comme moniteur, après ma «rhétorique». C'est là que j'ai découvert la richesse de ces enfants qui venaient des milieux populaires, qui avaient si peu de moyens. À l'époque, je crois que c'était encore pire qu'aujourd'hui. J'ai trouvé là des enfants pareils à tous les autres mais qui n'avaient tout simplement pas la chance de mettre à profit leurs vrais talents. J'ai compris alors qu'avec un peu d'attention on pouvait aider ces jeunes à se réaliser comme personnes et aussi comme croyants.

Cette expérience a semé chez moi un intérêt que j'ai d'ailleurs gardé tout au long de mon séminaire. Je vous avoue que j'étais déjà très attiré par toute la dimension sociale. Je vous donne un exemple: au Grand Séminaire, je faisais partie d'un cercle d'études sociales. Pour que nous soyons au courant de l'actualité, on nous permettait de lire les journaux, mais uniquement les découpures choisies à notre intention. Pour moi, ce n'était pas suffisant... J'ai donc pris des moyens «détournés», disons des moyens habiles, pour pouvoir lire les journaux en entier. Je m'étais aperçu que quelqu'un, au séminaire, avait la responsabilité de choisir et d'afficher les articles d'intérêt général pour la communauté. Je me suis dit: «Ce n'est certainement pas un professeur. C'est sûrement un séminariste. Il faut que je sois ce séminariste.» J'ai mis six mois pour trouver la filière et, très rapidement, je suis devenu celui qui découpait les articles. Chaque jour, je devais préparer l'information pour mes confrères. Cela me permettait de lire l'ensemble des journaux alors que mes confrères n'avaient la chance de lire que les articles que je retenais pour leur information. J'ai toujours «dévoré» les journaux. Depuis l'âge de quinze ans, je pense, j'ai toujours lu à peu près tous les journaux tous les jours.

Est-ce qu'on peut voir dans cette habileté manifestée dès le moment où vous étiez séminariste une des qualités essentielles pour gravir les échelons de la hiérarchie dans une institution comme l'Église?

Peut-être. Mais je ne le faisais pas par ambition. Je n'ai jamais été un ambitieux; j'ai une certaine facilité intellectuelle, mais je n'étais vraiment pas celui qui devait absolument avoir des notes de 80 ou 85 % pour être satisfait. Mes résultats m'importaient peu, du moment que j'obtenais les notes de passage. J'étudiais et je réussissais quand même assez bien, mais je n'étais pas l'élève ambitieux qui voulait être le premier de sa classe. Je ne m'en préoccupais pas, dans la mesure où j'avais le temps de lire à mon goût, d'aller voir des spectacles, etc. Je dois reconnaître que le parascolaire a toujours été plus important pour moi que le scolaire, que le fait de réussir mes études.

Ce fut la même chose pour ma vocation: au fond, ma conception du sacerdoce était très incarnée dans l'idée d'un prêtre qui travaillait en milieu pauvre. J'avais des modèles. Don Bosco, par exemple. J'avais lu sa vie, ses œuvres. Le père Flanagan, fondateur des *boystown* aux États-Unis après la guerre. J'étais un de ses adeptes. J'ai aussi suivi l'expérience de Boscoville pour les jeunes délinquants qui commençait dans ces années-là, avec madame Jeannine Guindon, monsieur Gilles Gendreau, le père Albert Roger. Pendant mes études de séminariste, j'ai même fait des stages à l'école des sœurs de la Providence à Rivière-des-Prairies, une école pour orphelins devenue par la suite un hôpital psychiatrique. Avec d'autres séminaristes, nous avions demandé la permission de nous occuper de certains jeunes de l'école de réforme de la rue Saint-Denis à Montréal, qui abrite aujourd'hui l'école de théâtre. On y retrouvait des jeunes de quatorze, quinze et seize ans maintenus en cellule, sur du ciment; ils n'avaient rien pour s'occuper. Je portais cette préoccupation en moi et je me préparais à poursuivre ce travail dans mon ministère de prêtre.

Après mon premier été d'ordination, j'ai rencontré l'évêque de mon diocèse, à l'époque le cardinal Paul-Émile Léger, pour lui dire où je voulais exercer mon ministère. L'expérience des jeunes prêtres qui nous avaient précédés nous avait appris qu'il ne fallait pas trop lui dire ce que nous rêvions de faire, parce qu'il avait le don de nous assigner une autre tâche. Si nous disions au cardinal Léger: «Je voudrais aller dans un collège», nous avions de fortes chances de nous retrouver en paroisse. Et si voulions servir en paroisse, nous avions de fortes chances d'aller dans un collège.

Quand j'ai rencontré le cardinal Léger, j'ai tout de même pris une chance. En prenant mon courage à deux mains, je ne lui ai pas caché que j'étais devenu prêtre parce j'aimais m'occuper des jeunes, en particulier des plus pauvres. Je suis convaincu que lorsqu'on fait quelque chose qu'on aime, on réussit bien mieux et on est beaucoup plus heureux que lorsqu'on fait quelque chose qu'on aime moins. Et je ne souhaitais pas me retrouver dans un collège... J'ai donc dit au cardinal Léger: «J'aimerais beaucoup aller dans un milieu défavorisé, dans une paroisse de milieu populaire; il me semble que le bon Dieu m'a donné des talents pour ça.» J'ai dû être convaincant, parce qu'il m'a écouté.

Vous avez été étroitement lié à tout ce qui a entouré la visite du pape au Canada en 1984. Est-ce là que vous avez prouvé ce que vous pouviez faire et que vous avez été remarqué par la hiérarchie?

Il est sûr que cette visite m'a fait remarquer par le pape. J'ai été à ses côtés pendant tout son séjour à Montréal. Il a entendu parler de moi; j'ai eu des contacts avec ses collaborateurs immédiats pour les textes et pour toutes ses interventions (le pape n'était pas très familier avec notre contexte, tous les textes nous étaient donc soumis). Il est certain que le rôle que j'ai joué m'a donné de la visibilité.

Et comme le voyage a été un succès, à ce moment-là, l'efficacité est double.

Probablement.

SES RAPPORTS AVEC LE PAPE

▒ *À quel moment vos rapports avec le pape sont-ils nés? Est-ce que vous connaissiez le pape et étiez-vous connu de lui avant ce voyage au Canada?*

Un peu. Dès qu'un évêque est ordonné, il participe aux visites *ad limina*. Les évêques d'un pays rencontrent le Saint-Père tous les cinq ans, pour discuter de l'état de leur Église et visiter les congrégations romaines. J'ai été nommé évêque en 1982 et, dès l'année 1983, quelques mois plus tard, il y avait une visite *ad limina* des évêques du Québec. J'y ai donc participé et c'est à cette occasion que j'ai rencontré le pape pour la première fois. Je savais déjà que j'organiserais sa visite au Canada. Je l'ai d'abord rencontré avec Mgr Grégoire et les trois autres évêques auxiliaires; nous avons pu causer avec lui, mais seulement cinq ou six minutes... un échange qui n'est pas allé très loin. Puis j'ai eu la chance de prendre un repas avec lui. Avec l'ampleur des dîners romains, qui comportent de nombreux plats, nous avons eu le temps d'échanger sur différents sujets.

Je me souviens que lors de notre première rencontre nous avions parlé du système d'éducation québécois. Ici, nous sommes familiers avec un système à la fois étatique et confessionnel; mais pour un esprit européen, c'est assez complexe. Nous l'avions longuement expliqué au pape. Nous avions aussi parlé un peu de la situation du Canada. Dans la perspective de sa visite prochaine, il était intéressé à mieux connaître notre histoire, à savoir comment notre pays s'était développé. Le séparatisme était dans l'air à l'époque.

René Lévesque était premier ministre à Québec, et Pierre Trudeau à Ottawa. Même Rome en avait eu des échos. Le pape était très soucieux de comprendre notre réalité.

Voilà donc les premières conversations que j'ai pu avoir avec lui. Elles n'étaient pas tellement personnelles, mais assez pour que je sente en lui un homme curieux de bien connaître et de bien saisir les gens. Et comme j'ai la parole facile, vous imaginez que dans un groupe je suis rarement celui qui ne parle pas! Peut-être m'a-t-il remarqué au cours de ces premières rencontres. C'était quelques mois avant qu'il effectue sa visite au Canada. Je me souviens d'un petit geste qui m'avait beaucoup marqué. Un jour, après le repas, le pape m'a dit «Bonjour» et m'a donné une petite tape d'encouragement dans le dos. C'est là un geste familier qu'on n'attend pas du pape. J'avoue avoir été profondément touché par ce que j'ai perçu comme un geste d'amitié.

Lorsque le pape est venu au Canada, je n'ai pas eu beaucoup de contacts directs avec lui, quoique j'aie pu une fois ou l'autre dîner en sa compagnie avec son secrétaire et Mgr Grégoire. À quatre, les échanges peuvent être assez élaborés... J'ai côtoyé de près les proches de Jean-Paul II: son secrétaire, Stanislaw Dziwisz, son maître des cérémonies à l'époque, Mgr John Magee, qui est demeuré quelques jours ici, à l'évêché. J'imagine que ces personnes ont dû parler de moi au pape, et que d'autres l'ont fait aussi par la suite. Je suis évêque depuis quinze ans, ce qui suppose plusieurs voyages à Rome, plusieurs visites *ad limina*. Dans le cadre de mes fonctions comme évêque, j'ai souvent eu à rencontrer Jean-Paul II. Une chose m'avait beaucoup frappé: il savait toujours très bien qui j'étais. Il savait que j'étais évêque auxiliaire à Montréal. Ou, quand je suis devenu archevêque: «Oui, oui, évêque de Montréal...»

Quelle langue parlez-vous quand vous vous rencontrez?

Le français. C'est un point qui facilite peut-être les relations entre nous. Je pense que le français est une des langues que le pape possède le mieux après le polonais. Il la maîtrise sûrement mieux que l'anglais. En tant que vice-président de la conférence épiscopale, je le rencontre chaque année avec mon collègue Mgr Francis Spence, président de la Conférence. Quand le pape est fatigué, il laisse facilement tomber l'anglais pour s'exprimer en français, sachant que nous sommes bilingues. On sent bien qu'il a plus de facilité à parler le français.

Est-ce que vos rapports avec Jean-Paul II ont changé depuis que vous êtes cardinal? Vous sentez-vous plus près de lui? Le sentez-vous plus près de vous?

Sûrement. D'abord parce que les cardinaux ont la priorité; ils peuvent lui demander un rendez-vous n'importe quand. Le changement est assez évident de ce côté-là. Par ailleurs, je n'ai pas senti que le pape cherchait à me voir ou à me consulter plus souvent. Les rapports se font davantage par le biais des mandats qu'il me confie. Le rôle principal des cardinaux, leur rôle le plus spectaculaire, on le sait, c'est d'élire le pape. Mais ils ont aussi la responsabilité de participer, par la consultation, au gouvernement de l'Église. Dès que j'ai été nommé, j'ai immédiatement reçu deux nominations: une à la Congrégation pour la cause des saints, une

Pendant le Consistoire,
1994.

autre au Conseil des communications sociales, le grand comité qui voit à toutes les questions de télévision et de radio pour l'Église. Peu de temps après, j'ai été nommé membre du comité préparatoire du synode des évêques pour l'Amérique. Je suis également un des quinze cardinaux chargés de surveiller les finances du Vatican. Je suis sans cesse nommé sur divers comités ou commissions. Au début, je devais aller à Rome quatre ou cinq fois par année, mais j'y vais maintenant sept ou huit fois, toujours pour des réunions. Je pars pour trois jours et je reviens. Un rythme fou!

Vous êtes le choix de Jean-Paul II, qui incarne une vision de l'Église différente de celle de ses prédécesseurs. Est-ce qu'on peut dire que vous êtes un fidèle de la doctrine de Jean-Paul II?

Oui. Je n'ai aucune crainte à me reconnaître comme un inconditionnel de cet homme que j'admire énormément comme être humain, comme pape, et à être d'accord avec sa doctrine. Évidemment, nous pouvons avoir des divergences sur ses façons de dire les choses, mais sur le fond, je n'ai jamais eu de désaccord avec la pensée de Jean-Paul II.

Nous y reviendrons.

SA VOCATION

On ne naît pas cardinal et on ne naît pas catholique consentant. Il y a donc eu chez vous un cheminement, qui a commencé par la foi de votre enfance. Vous rappelez-vous votre première rencontre avec Dieu?

La première rencontre consciente? Difficile à dire. Dans ma vie, je ne me souviens pas d'un événement ponctuel, mais je peux quand même identifier des grands chemins que j'ai pris très jeune...

J'aurai bientôt soixante et un ans. J'ai grandi dans un univers bien différent du monde d'aujourd'hui. Je suis né dans une famille modeste. Nous étions sept enfants. Mon père était le seul gagne-pain et tous les enfants ont fait des études supérieures. Vous comprendrez que nous n'étions pas riches; nous devions donc travailler l'été pour gagner des sous. C'était une famille très chrétienne, mais pas prêchi-prêcha! Un des frères de mon père était missionnaire en Haïti; il y a passé plus de quarante ans. Ma mère avait deux de ses frères prêtres à Québec; l'un était professeur au Séminaire de Québec et l'autre, curé dans une paroisse. Il y avait donc dans la famille un esprit religieux. Pour nous, être prêtre était un choix normal. Mes oncles prêtres venaient chez nous pour la période des vacances. Nos contacts avec eux se faisaient dans une atmosphère sympathique; nous les voyions sans leur soutane, «en bretelles», si je peux dire...

J'ai aussi été très marqué par le collège, particulièrement par son camp de vacances. J'ai eu la chance, dès mes «éléments latins», d'aller au camp du collège Grasset, dirigé par les Sulpiciens. Je me souviens d'un geste qu'on m'a demandé de faire et qui m'a marqué profondément. Je n'étais pas très vieux, j'avais onze ou douze ans. Au camp, nous avions coutume, juste avant le dîner, de nous réunir à la chapelle pour un moment de prière. Il n'y avait pas de professeurs; juste nous, les campeurs. L'un de nous devait faire une prière personnelle devant le Seigneur. À douze ans, c'est quelque chose! Je m'étais demandé: «Comment est-ce que je fais ça? Je ne vais quand même pas réciter un Notre Père!» J'essayais d'être un peu original... J'ai fait alors une découverte qui a eu une grande importance dans ma vie: je pouvais parler à Dieu comme on parle à un ami.

Le soir, de temps en temps, il y avait aussi la prière du chapelet sur la route. À cette époque, le camp se trouvait en pleine campagne; les routes n'étaient même pas pavées. On pouvait marcher et rencontrer une voiture à peu près toutes les deux heures! Le chapelet à la brunante, c'est peut-être très sentimental et poétique, mais ça m'a profondément marqué. La prière dans la nature...

Assez tôt, j'ai donc découvert que la foi est d'abord la relation avec une personne à qui on parle. Je considère que c'est une grâce pour moi d'avoir compris qu'avant d'être une religion avec des obligations, la foi est avant tout la rencontre de quelqu'un, la découverte de Jésus Christ et de son message, l'Évangile.

▓ *Diriez-vous que vous aviez découvert une prière à la manière de Teilhard de Chardin? Je me souviens d'un livre, Messe sur le monde, où ce qu'il présente n'a rien à voir avec la messe dans une église.*

Évidemment, Teilhard avait une approche très philosophique, ce qui n'est pas tout à fait mon cas. Je suis un homme plutôt pragmatique. Mais dans un sens, je crois que vous avez raison. La prière est la rencontre d'un être présent dans la nature, bien sûr. Teilhard l'a rencontré dans la création. On sent chez lui l'influence du savant. Je ne voudrais pas me comparer à lui, mais moi aussi, je rencontre Dieu dans la nature; j'aime beaucoup prier en plein air. Mais Dieu, c'est surtout dans les humains que je le rencontre. Je vous parlais tout à l'heure des jeunes des colonies de vacances. Assez tôt, j'ai découvert que nous étions tous des fils et des filles de Dieu et qu'au fond, le meilleur service qu'on pouvait rendre à quelqu'un, c'était de l'aider à être lui-même. Cette découverte a profondément marqué ma foi.

■ *Vous rencontrez Jésus comme un ami?*

Oui, le Christ est pour moi véritablement un ami à qui je parle comme je vous parle.

■ *Vous dites «le Christ». Le Christ en rapport avec Jésus?*

Oui, Jésus Christ, comme personnage historique.

■ *Mais on peut aussi se limiter au personnage historique.*

On m'a déjà demandé: «Qui est Dieu pour vous?» Dieu, c'est trop grand pour moi. Pour moi, Dieu, c'est Jésus Christ. Dans l'Évangile, Jésus affirme: «Je suis la voie, la vérité, la vie. Nul ne parvient au Père que par moi.» Moi, je suis resté à Jésus Christ. Je suis parvenu un peu à Dieu le Père et à l'Esprit Saint... mais le développement de ma foi a été marqué par la découverte de Jésus Christ comme personne. Nous savons qu'il a existé; s'il y a un être dont nous sommes certains de l'existence, c'est lui: sa vie a été scrutée par les plus grands esprits. Mais de là à découvrir qu'il est Dieu, c'est une autre histoire; il y a un aspect très mystérieux dans le fait qu'un jour j'aie adhéré à cela. Je crois que c'est le mystère de la grâce de Dieu. C'est là que Dieu me rejoint.

Je crois profondément que Dieu inspire nos vies d'une façon ou d'une autre. Il est présent en nous, il nous parle par ces mouvements intérieurs que nous ressentons quand nous faisons silence, dans la prière, dans la méditation. Je dis souvent, à la blague: «Je suis un verbo-moteur, alors la plupart du temps, c'est moi qui parle. Quand je réussis à me taire, Dieu me parle... et c'est là que ça devient intéressant!»

▓ *Le choix définitif pour le sacerdoce, vous l'avez fait à l'aube de grands changements dans notre société qui ont éloigné tant de gens de votre Église. Comment s'est fait ce choix? dans le doute?*

Oui, peut-être. D'abord, rares étaient mes compagnons qui croyaient que j'allais devenir prêtre. On me voyait plutôt avocat, politicien ou dans une profession de ce genre, parce que j'ai toujours eu la parole facile; j'ai toujours dit ce que je pensais. Mes meilleurs amis sont devenus avocats.

Au moment de mes études en philosophie, j'ai beaucoup réfléchi au sacerdoce et j'ai fait un choix. Tant de choses m'intéressaient. Je n'aurais pas détesté entreprendre une carrière publique... Nous assistions aux débuts de la télévision, à l'époque; ils m'interpellaient, ces gens comme André Laurendeau qui évoluaient à la télévision. J'étais un lecteur du *Devoir*, de *L'Action nationale*; j'étais mêlé à de nombreuses activités. Nous avions un cercle oratoire, dont j'étais un des membres les plus assidus. Même les sciences m'attiraient; j'étais bon en mathématiques et j'aimais beaucoup la démarche scientifique; j'ai même pensé devenir médecin. J'hésitais...

Permettez-moi une petite anecdote qui illustre bien que j'étais tenté par plusieurs sphères d'activité. Pendant ma dernière année au collège, j'y ai travaillé comme portier. J'étais toujours là. À l'époque, il y avait deux sections du cours classique. Je suivais les cours des deux sections qui ne se donnaient pas en même temps. J'assistais à tous les cours. Suivre les cours et ne pas subir d'examens, apprendre des choses et ne pas avoir à en rendre compte... quel bonheur!

Même si tout m'attirait, un jour, je me suis demandé: au fond, qu'est-ce que j'aime le plus faire? Et j'ai découvert que c'était vraiment m'occuper des jeunes. Je ne vous cache pas que je me suis posé la question du mariage. Je n'étais pas contre l'idée de me marier; je n'étais pas différent des autres garçons de mon âge. Les mentalités étaient moins ouvertes qu'aujourd'hui, mais nous voyions bien les filles, nous n'étions pas aveugles! Cependant, peut-être à cause de mon tempérament, j'avais besoin, pour m'occuper des jeunes, d'être complètement libéré de toute autre obligation. Et une famille, c'est une obligation qui passe avant tout. Peut-être avais-je une trop grande idée du mariage... Je m'étais dit: «Si je me marie, ma priorité, ce sera d'abord ma femme et mes enfants.» Le cheminement que j'ai vécu m'a donc conduit à choisir le célibat. Je crois que j'ai eu la grâce de me demander: «Pourquoi le célibat?» Je me suis posé la question, pas seulement sur le plan spirituel, en remettant tout cela entre les mains de Dieu, mais aussi sur un plan plus matériel. Je me disais, par exemple: «Si je veux rentrer à la maison le soir à minuit, je ne veux avoir de compte à rendre à personne, sinon à moi-même.» Le célibat permet une grande indépendance dans l'action qui pour moi était très importante.

■ *Et vous appelez cela une grâce.*

Comme je l'ai vécu de façon heureuse, je pense que ça a été pour moi une grâce, mais c'est très personnel.

■ *Renoncer à l'amour humain, pour être amoureux de tous, en quelque sorte, est-ce que ce fut facile pour vous?*

Non, ça n'est jamais facile et c'est un choix qu'il me faut refaire à chaque jour. Il y a en l'être humain un désir d'exclusivité que je ressens, moi aussi, et c'est tout à fait normal. Par ailleurs, j'ai de très bons amis chez les prêtres, de même que chez les gens mariés. Le fait d'être disponible et de vivre plusieurs amitiés très profondes est très avantageux. Lorsqu'une personne est mariée, sa vie sociale est forcément limitée par le temps dont elle dispose; limitée par le fait que ses relations et affections ne dépendent plus d'elle seule, mais aussi de son conjoint, de sa conjointe; limitée par le fait d'avoir des enfants qui réclament énormément de son affection. Ne pas vivre une relation exclusive avec une autre personne, pour moi, présente certains avantages.

Bien sûr, il ne faut pas oublier la dimension sexuelle qui, à vingt-cinq ans, est très forte et moins facile à contrôler. Il est possible cependant de la sublimer par la prière, par une discipline de vie. Mais plus je vieillis, plus je constate que c'est l'aspect parental qui devient plus difficile à vivre: le fait de ne pas avoir d'enfant à moi; le fait de n'avoir personne qui se souviendra de moi aussi intensément qu'on se souvient de son père et de sa mère.

Les difficultés prennent donc des modalités différentes, et il faut refaire le choix chaque jour. C'est un combat qu'il faut sublimer et compenser par d'autres aspects de la vie. Souvent, les réalités difficiles que nous traversons sont vaincues par le regard positif que nous savons poser sur elles. Je vous donne un exemple. Si je perds une jambe dans un accident, je peux passer mon temps à pleurer sur la jambe qui me manque, je ne m'en sortirai pas; je peux aussi cesser de regarder celle qui me manque pour me concentrer sur celle qui me reste, et là, je vais marcher. Dans la vie, c'est la même chose avec des réalités difficiles comme le célibat; si je passe mon temps à voir ce qui me manque, je vais pleurer tout le temps, je vais me lamenter...

▓ *... ou bien vous allez quitter.*

C'est vrai. C'est le choix qu'ont fait certains et je ne leur reproche pas. Mais si je regarde ce que j'ai, si j'identifie les éléments positifs, je découvre les avantages de mon choix. Je n'ai jamais manqué d'amitié dans ma vie. Je n'ai jamais souffert de solitude, je ne sais pas ce que c'est! Au contraire, je la recherche désespérément; si vous saviez comme je suis bien lorsque je suis seul! Je me repose.

▓ *Mais, Mgr Turcotte, les gens mariés qui vont vous lire pourraient être tentés d'interpréter votre réponse comme celle de quelqu'un qui a fui la responsabilité directe pour une sorte de responsabilité diluée.*

D'une certaine manière, c'est vrai. Oui, j'ai fait un choix.

Vous vouliez conserver votre liberté.

Pour moi, la liberté, c'est important. La liberté dans l'engagement total... Quand je m'engage dans une chose, peut-être à cause de mon tempérament, je veux avoir une marge de manœuvre complète. Je ne veux faire de peine à personne à cause de mes engagements.

Vous ne vouliez personne derrière qui vous retienne.

D'une certaine manière, oui. Au fond, en termes spirituels, quand je me suis engagé pour le Christ, je n'ai pas mis de réserves. J'ai fait un don total, enfin, que je *voudrais* total. Mais je ne dis pas que je n'en reprends pas parfois des petits bouts...

Avez-vous déjà été amoureux d'une femme?

Amoureux... tout dépend de ce que vous voulez dire. Être amoureux au point de désirer tout laisser pour partager ma vie avec une femme? Non. Je me suis toujours protégé pour ne pas arriver jusque-là. Et je ne suis pas du genre à subir un coup de foudre... Il y a des gens à qui ça arrive, paraît-il. Je ne dis pas que je n'ai pas été attiré par certaines femmes avec qui j'aurais pu partager ma vie. Mais ce n'était pas mon choix.

Vous ne vous êtes jamais permis de vous laisser aller vers le coup de foudre?

En tous cas, je n'en ai pas connu. Est-ce qu'on se laisse aller vers le coup de foudre? Je ne sais pas. Mais de toute façon, je n'ai pas connu cette expérience.

Avez-vous senti à un moment donné que vous deviez freiner des émotions, des sentiments, pour empêcher que ça ne se produise?

À maintes reprises. Soit de moi-même, soit de d'autres à mon endroit. Ça fait partie de la vie. J'ai moi aussi de l'intuition; ce n'est pas le privilège des femmes! Dans mes relations, avec les femmes en particulier, je dois bien sûr garder une certaine réserve; je peux aller jusqu'à un certain point, que je ne dois pas franchir. Autrement, la relation cesse d'être un lien d'amitié et devient un lien d'exclusivité, puis tout s'enchaîne. C'est normal. Quand je me sens attiré dans cette direction, je dois réagir en conséquence. Comme disait mon grand-père: «Si tu ne veux pas attraper le rhume, ne te mets pas dans un courant d'air!» Je pense qu'il y a de cela dans la vie. Je dois m'imposer une discipline. À certains moments, je vais donc changer le cap d'une relation pour éviter d'aller trop loin.

Vous arrive-t-il encore aujourd'hui de freiner ou de refuser d'aller plus loin dans des contacts, de peur que ça ne vous entraîne trop loin?

Moins aujourd'hui. À soixante ans, ce n'est plus comme à vingt-cinq ans! Comme je vous le disais plus tôt, pour moi, toute cette question du célibat varie beaucoup avec l'âge, mais il reste que le type de relation est très différent. Je dois aussi ajouter que j'ai une fonction qui ne me permet pas d'être très longtemps avec les gens. Je côtoie constamment des personnes différentes. C'est donc moins difficile sur cet aspect. Mais quand j'étais plus jeune, alors que je fréquentais des mouvements de jeunes et que je rencontrais régulièrement des gens, les occasions étaient beaucoup plus fréquentes.

Iriez-vous jusqu'à dire qu'un prêtre comme vous doit en quelque sorte fuir les occasions?

«Fuir les occasions», c'est voir les choses de façon fort négative! Bien sûr, si un homme cherche des occasions, il va en trouver, c'est très facile. Mais sans parler de fuite, je pense qu'il y a un comportement à adopter. D'ailleurs, c'est vrai non seulement du prêtre, mais de toute personne qui a fait un choix. Il est évident que l'homme marié qui a choisi une femme, vis-à-vis des autres femmes, ne pourra plus se permettre certains comportements, à cause de son choix. S'il adopte des comportements qui l'amènent à aller plus loin, ce sera au détriment du choix qu'il a fait. C'est un peu la même chose pour moi. Mon choix, c'est le Christ.

C'est ce que j'allais dire. Vous êtes «marié» au Christ, en quelque sorte?

D'une certaine manière... Même si je n'aime pas la comparaison, une chose demeure: il y a un don de soi total qui, d'après moi, est central. Chaque jour, je dois reprendre et nourrir ce lien d'amitié, de communication, d'intimité avec Celui à qui j'ai consacré ma vie. C'est très important.

Quelle influence vos parents ont-ils eue dans votre vie? Vous avez grandi dans une famille pauvre, modeste. Avez-vous senti, autour de vous, que les gens n'ont pas pu réaliser leurs rêves? Je pense à votre père, par exemple. Quelle image gardez-vous de lui?

Mon père était un homme très intelligent, un col blanc, qui aurait probablement pu faire des choses assez extraordinaires. Je ne sais pas s'il a eu des rêves, il n'était pas très expressif à ce sujet. Mais j'ai l'impression qu'il était né pour être père de famille. Vous savez, certains hommes considèrent leur famille comme *la* priorité; mon père était un de ceux-là. Sa femme et ses enfants passaient avant tout. C'était, je pense, naturel chez lui. Je ne l'ai jamais senti malheureux à la maison; il était heureux avec nous. À quatorze ans, j'avais le goût de conduire une voiture, eh bien! mon père disait: «Très bien, on va aller pratiquer dans le champ voisin.» Il essayait constamment de satisfaire nos goûts. Quand, à l'âge de quinze ans, j'ai voulu fumer, j'ai pris cons-cience qu'il était bien plus permissif que ma mère...

Diriez-vous que l'autorité, chez vous, c'était votre mère?

Comme dans toutes les bonnes familles, la mère avait une emprise sur le foyer. Ma mère est très forte, une femme de caractère. Elle n'a pas fait de carrière, parce que les femmes n'en faisaient pas à l'époque. Mais je suis sûr que si ma mère avait vingt-cinq ans aujourd'hui... Elle suivait encore des cours du soir à quatre-vingt-quatre ans! Vous voyez le genre...

Jean-Claude, son père,
Raymond, Nicole et Gilles.
Au premier plan, Mme Turcotte et,
sur ses genoux, Louise.

■ *Est-ce que vous diriez que votre choix, ou votre appel vers le sacerdoce et vers la vie de célibataire, c'était en quelque sorte pour éviter de devenir l'homme piégé par la famille?*

Non, pas dans ce sens-là. Mais je pense que ma vie de famille m'a aidé à comprendre et à connaître ce à quoi je renonçais et, du même coup, à faire un choix. J'avais sous les yeux le modèle d'un père vraiment présent à ses enfants. Mon père ne disait jamais non. Si nous avions besoin d'aller quelque part, il venait nous reconduire. Il n'avait rien à lui: ses outils, il nous les prêtait; ce qu'il connaissait, il aimait l'enseigner. Notre maison était très agréable, toujours remplie d'un grand nombre de nos amis. Je me souviens d'un de mes copains de collège; il était tellement habitué à téléphoner chez nous qu'il lui arrivait de se tromper: parfois, quand il voulait appeler chez lui il composait notre numéro! Cela vous montre à quel point notre maison était accueillante. Il y avait de la vie, nous parlions beaucoup. Autour de la table, certains repas étaient fort animés.

■ *Un père, donc, qui est un homme totalement dédié à sa famille, au point d'en être parfois piégé, peut-être?*

Oui, mais pas malheureux, parce que je pense qu'il aimait ça. Il y a des gens qui sont faits pour ce genre de vie, vous savez...

■ *Mais pas vous?*

Je ne crois pas. Peut-être l'aurais-je été, mais j'ai choisi autre chose. Cependant, si j'avais été père, j'aurais aimé être un père comme le mien.

■ *Quels ont été vos maîtres, vos modèles? De vos modèles d'adolescence, quel souvenir gardez-vous?*

Je garde un souvenir précis d'un certain nombre de personnes. Je vous ai parlé de l'influence du camp de vacances du collège Grasset dans ma vie. Je ne peux oublier certains de ses directeurs: l'abbé Fernand Lachapelle, aujourd'hui décédé; Mgr Gérard Tremblay, maintenant évêque auxiliaire émérite à Montréal. Longtemps directeur du camp du collège, il m'a profondément marqué. À ce point, d'ailleurs, que ce fut vraiment étrange pour moi de devenir le patron d'un homme qui m'a enseigné, qui m'a connu quand j'avais dix ou onze ans... J'ai pour lui un respect que je n'ai pas pour beaucoup d'hommes. Pour moi, il fut et demeure un modèle.

Ces gens m'ont profondément marqué par leur présence aux êtres. C'est aussi le cas de certains professeurs, des intellectuels de grand calibre. Mais ceux qui m'ont influencé le plus sont ceux qui savaient être de vrais éducateurs. Pour moi, être éducateur, c'est essayer de rencontrer quelqu'un pour faire sortir le «bon jus» qu'il a en lui; *educere*, «faire sortir de». Un vrai éducateur, c'est quelqu'un qui respecte tellement l'autre qu'il essaie de mettre à profit ses talents cachés. J'ai eu la chance d'en rencontrer quelques-uns dans ma vie.

■ *Est-ce qu'il y a un manque de ce côté-là actuellement? Quand vous évaluez le monde de l'éducation, pensez-vous que cette vocation d'éducateur s'est un peu perdue en cours de route?*

Malheureusement, les conditions dans lesquelles on exerce aujourd'hui ce métier ne favorisent pas

Finissant au collège
André-Grasset,
juin 1955.

toujours la véritable éducation qui exige beaucoup de temps, d'écoute, d'observation et d'amitié. Une certaine confiance est également nécessaire.

Enfin, je reviens souvent au rôle parental, parce que je joue un certain rôle de paternité vis-à-vis des personnes. À mon avis, ce que les parents peuvent donner de mieux à leurs enfants, c'est de les aider à être eux-mêmes, à devenir autonomes. C'est une tâche ardue et très exigeante. Je pense que mes parents ont su me rendre autonome.

Vous parlez souvent d'humilité. Vous attachez beaucoup d'importance à cette dimension d'humilité, de simplicité en vous. Comme prêtre, vous n'avez pas choisi, par exemple, de devenir un grand théologien, de vous consacrer à l'étude des textes sacrés. Pourquoi ce trait d'humilité?

Je n'appelle pas ça de l'humilité. Un de mes vieux professeurs disait: «L'humilité ne consiste pas à se décerner des diplômes publics d'imbécillité.» Pour plusieurs, l'humilité consiste à ne pas reconnaître ses vraies valeurs. Pour moi, l'humilité, c'est la vérité, la vérité de ce que je suis. Je suis bon dans certaines choses, et pas du tout dans d'autres. Je ne serais pas doué pour faire de la grande recherche intellectuelle, mais je le suis pour vulgariser les choses. Je n'ai pas peur de reconnaître ce talent en moi. Si des gens savants essaient de m'exposer quelque chose, je les questionne jusqu'à ce que j'aie compris; ensuite, j'essaierai de faire comprendre à d'autres ce que j'ai appris.

Au fond, quand je parle de ce que je suis, je ne le fais pas par humilité. Je n'ai pas de complexe d'infériorité; je prends ma place partout. Mais je pense que je suis un homme qui ne se prend pas pour un autre et qui aime être conscient de ce qu'il est. Si un jour je joue dans les ligues majeures, je vais y jouer parce que je suis compétent pour le faire. Autrement dit, je n'aimerais pas atteindre mon «principe de Peters», mon seuil d'incompétence.

Toute ma vie s'est déroulée ainsi! Ma vocation s'est révélée en travaillant avec des jeunes; j'ai eu envie de devenir prêtre pour eux. Quand j'étais vicaire, je suis devenu aumônier des scouts, des guides, des loisirs et de la Jeunesse ouvrière catholique, la J.O.C. J'ai accueilli tout ce qu'il y avait de jeunes. J'étais compétent en la matière et j'aimais ce que je faisais. Ma vocation s'est développée ainsi, à partir de mes goûts et de mes talents. Je ne pense pas avoir jamais cherché à obtenir un emploi; les tâches m'étaient offertes parce qu'elles correspondaient à ce que j'étais et à ce que je savais faire.

■ *Ce qui m'amène à vous poser la question: entre le prêtre que vous vouliez être et le prêtre que vous êtes devenu... y a-t-il une différence?*

Sûrement. Mais il me semble que l'élan initial demeure, en ce sens que ce pourquoi je suis devenu prêtre m'a marqué profondément. J'ai trouvé d'abord dans ma vie de prêtre une manière d'incarner l'idéal que je portais. Je l'ai retrouvé de façon absolument extraordinaire dans la J.O.C. Ce mouvement d'action catholique existe encore pour les jeunes travailleurs et travailleuses, mais il est beaucoup moins fort qu'auparavant. J'ai eu aussi la chance de connaître et de rencontrer, à trois ou quatre reprises, le cardinal Cardijn, fondateur de la J.O.C., un simple prêtre devenu cardinal à la fin de ses jours. Nous avons eu de bons échanges. Cet homme m'a profondément marqué.

J'ai l'impression que j'ai toujours conservé cet amour des pauvres, même quand on m'a demandé d'être procureur du diocèse et de m'occuper des questions financières. J'ai toujours travaillé dans un esprit qui cherche à prendre aux riches et à donner aux pauvres... Pour moi, il est important de créer un esprit de partage. De même, j'ai toujours conservé, et c'est une chose qui me marque beaucoup, des amitiés avec des gens de milieux populaires. J'ai encore plusieurs amis du temps où j'étais vicaire à la paroisse Saint-Mathias, dans le quartier Hochelaga-Maisonneuve, à Montréal. J'ai conservé de profondes amitiés du temps de la J.O.C. Même quand j'occupais des fonctions diocésaines, je faisais du travail dans les milieux défavorisés.

J'ai donc toujours conservé ce lien avec mon élan initial, et je pense encore le garder, parce que cette préoccupation m'habite profondément. Pour moi, ce ne sont pas que des mots. Parfois, je ne peux pas l'exprimer autant que je le voudrais... Quand je parle des pauvres, je ne pense pas uniquement à la pauvreté matérielle. Le pauvre, c'est celui qui a une richesse enfouie en lui et qui n'a pas eu la chance de l'exprimer. La pauvreté peut être d'ordre spirituel, matériel ou intellectuel. Les pauvres sont un chemin privilégié que le Christ nous a enseigné pour parvenir à lui.

C'est ce qui nous est dit dans l'Évangile. J'ai été profondément marqué par le texte du jugement dernier (*Matthieu* 25) où le Seigneur nous dit: «À la fin du monde, je vais demander: "J'ai eu faim, m'as-tu donné à manger? J'ai eu soif, m'as-tu donné à boire?"» C'est pour moi une incarnation absolument extraordinaire de la façon de vivre le message du Christ; chaque geste d'une personne qui réussit à combler un manque chez une autre personne conduit à une rencontre du Christ. «Celui que tu as nourri, celui que tu as abreuvé, c'était moi que tu nourrissais, que tu abreuvais.» C'est très important pour moi.

2

Dieu,
un grand ami

Pour m'aider à préparer cette entrevue, je vous ai demandé de m'indiquer trois livres importants pour vous. Vous m'avez suggéré le Nouveau Testament, le livre *Prières*, de Michel Quoist, et *Au cœur des masses*, du Père René Voyaume. Dans ce livre, on découvre notamment le rapport très étroit qu'entretenait Charles de Foucauld avec le Christ. Il s'agissait d'une véritable passion.

Oui, ce livre m'a profondément marqué. J'essaie de développer avec le Christ une relation d'amitié très, très forte. D'ailleurs, dans l'amour humain, sans une telle amitié entre l'homme et la femme, la relation a peu d'avenir. Les passions épidermiques durent le temps que durent les roses... souvent l'espace d'un matin. C'est pourquoi je vous ai parlé de ce livre du père Voyaume. Dans la spiritualité de Charles de Foucauld, la relation à Jésus est une intimité de chaque jour. Dans les communautés issues de sa spiritualité, des communautés actives, les membres, qui devaient travailler, passaient quand même un temps important à nourrir leur vie intérieure. Charles de Foucauld et ses disciples ont réussi d'une façon assez remarquable cette union entre la contemplation et l'action.

LE JÉSUS DES ÉVANGILES

Votre rencontre avec Dieu est une rencontre de quel type? Vous avez dit un peu plus tôt: «C'est en Jésus Christ que je rencontre Dieu.» Je vous ai fait remarquer que, sous les traits de Jésus, on peut voir le personnage historique et qu'un athée pourrait se reconnaître en Jésus Christ et puiser son inspiration en lui.

Tout à fait.

Vous avez alors commencé à m'expliquer qu'il y avait peut-être un mystère... Quelle forme cela prend-il chez vous?

Chez moi, la rencontre n'a pas pris la forme éclatante d'une lumière qu'on allume un bon matin. Je ne suis pas un converti à la Paul Claudel qui, assis près d'un pilier de côté à Notre-Dame de Paris, a reçu la grâce d'un seul coup. Non. Pour moi, ça s'est fait progressivement.

Lorsque vous m'avez demandé de vous suggérer trois livres, le premier titre que je vous ai donné, c'est le Nouveau Testament. J'ai commencé très jeune à lire les évangiles avec attention. Bien sûr, au début, je lisais comme on lit une belle histoire, en passant à travers avec l'impression de savoir déjà ce qui allait se passer...

Mais petit à petit, j'ai appris à m'arrêter et à m'interroger sur le sens profond de ce que je lisais. Certaines choses ne sont pas claires; certains passages posent de très bonnes questions; certains développements demandent à être expliqués. De là découle une compréhension du message. Mais le sens premier de l'Évangile, c'est Jésus Christ, avec son contexte de vie. À la lecture de l'Évangile, je peux me faire une idée très précise de l'homme Jésus.

■ Laquelle?

Eh bien! je suis sûr que Jésus était un homme très éloquent. L'Évangile raconte par exemple que des foules le suivaient, parfois pendant trois jours, et en oubliaient même de manger. Il devait être fascinant! S'il avait été ennuyant, les foules ne l'auraient pas suivi.

Je suis sûr que Jésus était un homme très vif d'esprit, intelligent. Certaines de ses réponses nous laissent deviner un sens de l'humour assez extraordinaire. Par exemple, dans un évangile que je lisais à la messe récemment, les gens ne comprennent pas les miracles de Jésus; ils sont embarrassés par ces gestes. Un homme croyait avoir trouvé l'explication: c'est par les démons qu'il chasse les démons. Jésus alors prend un malin plaisir à décortiquer son raisonnement et à l'emberlificoter en lui disant: «C'est très intelligent ce que tu dis là... le démon qui se chasserait lui-même! Y as-tu pensé un peu?» Je l'imagine faire ça avec un petit sourire...

Certains épisodes de l'Évangile me frappent beaucoup: la rencontre entre le Christ et la femme adultère à qui des hommes veulent lancer des pierres, par exemple. Jésus leur dit simplement: «Que celui qui est sans péché lui lance la première pierre.» Le texte poursuit: «Ils s'en allèrent l'un après l'autre, en commençant par les plus âgés.» Je trouve l'image très forte; j'imagine le Christ riant dans sa barbe en se disant: «Je vous ai bien eus!» Les évangiles sont remplis de tels exemples.

Pour moi, Jésus Christ est quelqu'un de bien concret, qui n'est pas du domaine de l'imaginaire. C'est la première étape d'une rencontre avec lui. Dans les retraites que je prêchais à des jeunes travailleurs et travailleuses, je me souviens de mon premier sermon: il portait sur la personne de Jésus. J'essayais de décrire cet homme, qu'on rencontre en lisant l'Évangile, et de permettre aux jeunes de le rencontrer.

La seconde étape consiste à découvrir que cet homme nous a laissé un message. Un message parfois très clair, très exigeant, et parfois aussi très mystérieux. Il arrive même que des passages nous semblent contradictoires. Dans un récit, par exemple, Jésus affirme: «Celui qui n'est pas pour moi est contre moi»; ailleurs, il dit aux apôtres: «S'ils ne sont pas contre nous, ils sont pour nous.» Nous devons creuser, réfléchir, méditer, pour chercher à comprendre certaines paroles. Un autre exemple de texte à approfondir: le rapport du Christ à l'argent: «Il est plus difficile à un riche d'entrer dans le royaume des cieux qu'à un chameau de passer par le trou d'une aiguille.» Le trou d'une aiguille, il faut le savoir, c'est la porte basse qui permettait d'entrer dans la ville.

Certains ont longtemps interprété ce texte de façon très littérale...

Toutes ces choses, nous pouvons apprendre à en parler avec des mots simples. C'est ce que j'ai découvert dans un livre comme *Prières* de Michel Quoist.

Vous avez mentionné tout à l'heure que l'un des livres qui vous a le plus influencé était le Nouveau Testament, les évangiles. Mais contrairement à d'autres religions, très longtemps dans la religion catholique on a empêché les gens d'avoir accès à l'Écriture, à la Bible, au point de dire aujourd'hui que même vos fidèles, même les catholiques sont très ignorants de la Bible, de l'Ancien et du Nouveau Testament.

Je nuancerais votre affirmation. Ce que l'Église a souvent demandé, c'est de lire la Bible «en Église» dans une traduction et avec des commentaires faits par des catholiques. Malheureusement, cette exigence n'a pas connu un grand succès pendant plusieurs siècles: certains l'ont interprétée en affirmant que l'Église défendait aux gens de lire la Bible. Il y a peut-être quelques personnes qui disaient cela, mais je ne pense pas que ce soit vrai. En effet, les études bibliques se sont poursuivies dans l'Église catholique de façon aussi avancée que dans les Églises protestantes. La différence étant que le simple peuple ne touchait pas à la Bible. À l'exception des évangiles. Je pense que l'Église, depuis les débuts, a toujours invité à lire les évangiles, de même que les Actes des apôtres, qui sont plus faciles à lire. Même dans mes souvenirs les plus lointains, dans notre milieu, on faisait la promotion de l'Évangile. Quand j'étais jeune, dans les années quarante, il y avait de grandes campagnes en faveur du *Faites ça et vous vivrez*, qui s'est vendu à des millions d'exemplaires au Québec.

Si l'Église a été sévère en ce qui concerne l'accès aux textes de la Bible, surtout de l'Ancien Testament, nous devons tenter de comprendre les raisons qui expliquent cette restriction. À l'époque, Luther, Calvin et leurs disciples, protestants du XVIᵉ siècle, prônaient la libre interprétation de l'Écriture. Cela a produit ce qui était prévisible: le morcellement de l'Église dans une multitude de petits groupes religieux qu'on retrouve dans le protestantisme. Je pense que, dans l'Église catholique, nous étions très conscients que s'il n'y avait pas quelqu'un, quelque part, chargé de déterminer le vrai sens de l'Écriture, nous courions le danger de nous éparpiller dans tous les sens. On le voit dans certaines sectes. Il y a des gens qui interprètent la Bible de façon très littérale et fondamentaliste. Certains, par exemple, vont jusqu'à dire: parce que dans la Bible les Juifs n'avaient pas le droit de manger le sang des animaux, cela signifie que nous devons refuser toute transfusion sanguine, etc. Ces interprétations sont très contestables! Il faut comprendre qu'au temps des Juifs, il régnait une espèce de sagesse populaire. Je suis très frappé, par exemple, par l'attitude des Juifs à l'égard du porc; nous savons que le porc, du point de vue scientifique, est l'une des viandes qu'il faut faire cuire le plus pour éviter la contamination. À l'époque, les Juifs n'étaient pas organisés pour bien faire cuire la viande. Ils avaient donc compris que le porc rendrait les gens malades et ont décidé d'en faire une prescription religieuse. En ne mangeant pas de viande de porc, ils évitaient tout problème!

Dans la Bible, vous retrouvez un peu de tout cela.

Quel sens profond donnez-vous à l'Évangile?

Pourquoi le Christ est-il venu sur la terre? Je vais essayer de vous l'expliquer simplement. C'est comme si Dieu s'était dit: «Je leur ai parlé par les prophètes, j'ai donné de nombreux enseignements, mais ça ne passe pas. Il n'y a qu'un moyen de leur faire comprendre: je vais leur envoyer mon Fils et en faire quelqu'un de semblable à eux, en qui ils vont se reconnaître. Je vais prendre un moyen adapté à leur compréhension pour qu'ils me reconnaissent. Je vais leur envoyer quelqu'un qui vivra les mêmes choses qu'eux... et par lui ils pourront arriver jusqu'à moi.» Voilà pourquoi Dieu a envoyé Jésus. Dans ma foi, Jésus Christ, c'est Dieu fait homme. Jésus impressionne tout le monde, croyants et non croyants. Il impressionne à cause du type de vie qu'il a menée et du message qu'il a livré. Jésus a vécu des joies, des peines; il a eu chaud, il a eu froid; il a tout connu, sauf le péché. Voilà pourquoi le Christ de l'Évangile est si important pour moi.

Il nous faut redécouvrir Jésus et son message, revenir à l'essentiel. Quand le pape parle de nouvelle évangélisation, c'est ce qu'il veut dire. Redécouvrir le Jésus des évangiles, revenir à lui en mettant de côté la dentelle ajoutée au cours des siècles, qui masque la réalité profonde, Jésus Christ et son message. Personnellement, c'est ce qui me fait vivre; et je ne peux pas faire abstraction de mon expérience personnelle. En étudiant cet homme, ce qu'il a dit et fait, j'ai fini par me faire une vision du monde, de l'amour humain, une vision de l'être humain, de ses faiblesses, des relations homme-femme. Tout est là.

■ *Cette vision de l'être humain, à travers quels textes l'avez-vous découverte? Quel passage de l'Évangile vous a le plus marqué?*

Il y a certainement celui du jugement dernier, où le Christ se reconnaît à l'avance dans tous les petits que nous avons aidés. «Ce que vous avez fait aux plus petits d'entre les miens, c'est à moi que vous l'avez fait» (*Matthieu* 25, 40).

Il est très frappant de comparer ce texte et le message de Jésus qui s'y trouve à une certaine morale des années cinquante, la morale de l'honnête homme qui ne devait pas tromper sa femme, qui ne devait pas voler, etc. Le texte du jugement dernier est complètement différent! Je ne dis pas cela, bien sûr, pour encourager les hommes à tromper leur femme! Mais l'accent est totalement ailleurs. Si, dans les années cinquante, on avait demandé à quelqu'un: «Au jour du jugement, qu'est-ce que le Seigneur va examiner dans ta vie?», je crois qu'il n'aurait pas spontanément pensé aux verres d'eau donnés et aux croûtes de pain partagées, aux gens seuls qu'il aurait visités, même s'il n'en avait pas envie. Ces petits gestes bien simples ne viennent pas naturellement à l'esprit. Ce texte me frappe beaucoup.

Un autre texte qui m'interpelle énormément, à cause de tous les paradoxes qu'il renferme, c'est celui des Béatitudes (*Matthieu* 5, 1-12; *Luc* 6, 20-23).

■ *Les Béatitudes, pour les gens qui sont moins familiers avec la Bible, ce sont ces paroles de Jésus: «Heureux les pauvres de cœur: le Royaume de Dieu est à eux... Heureux ceux qui pleurent: ils seront consolés...»*

Ces textes m'ont toujours frappé parce que, à première vue, il est insensé de dire qu'on peut être heureux quand on pleure, quand on souffre d'une injustice, quand on a faim, etc. Mais en y regardant de plus près et en y réfléchissant, au fond, Jésus nous dit que si nous sommes incapables de dépasser notre petit moi pour atteindre l'autre profondément, nous ne serons jamais heureux. Pour moi, voilà la grande force de l'Évangile, le sens du message que le Christ est venu nous livrer: Dieu nous a faits à son image. De là découle un principe premier: nous sommes faits pour l'autre, pour être ouverts sur le monde. C'est la caractéristique de l'être humain de n'être pas fermé sur lui-même comme un animal, qui agit instinctivement. L'être humain est un être de paradoxes. Il est capable d'inventions, d'imagination; il est capable de réaliser des chefs-d'œuvre de peinture, de musique; il est capable d'une générosité extraordinaire comme des pires cruautés, des pires repliements sur lui-même, des pires égoïsmes.

Le message des Béatitudes est simple: si tu veux te réaliser pleinement comme être humain, apprends à dépasser tes sentiments, tes petits repliements, tout ce qui t'affecte, toi, pour poser ton regard sur l'autre. Je l'ai constaté souvent dans ma propre vie. J'ai des problèmes comme tout le monde; il m'arrive, certains matins, d'avoir mal à la tête, d'être fatigué, etc. À partir du moment où j'essaie vraiment de m'ouvrir aux autres et de me préoccuper de ce que l'autre vit, eh bien! mes problèmes diminuent, ils prennent une perspective bien différente. Pour moi, la pire vision que peut avoir l'être humain, c'est la morosité — l'attitude des gens qui se tournent les sangs pour dire «ça va mal» et qui brassent leurs malheurs. L'Évangile nous amène à avoir une vision d'espérance, d'optimisme, une vision qui permet d'affirmer que, à cause des paradoxes des Béatitudes, même de nos difficultés, de nos souffrances, de nos malheurs, Dieu peut faire sortir du bien, parce que c'est là qu'il est le plus proche de nous.

■ *De toutes les béatitudes, laquelle vous rejoint le plus?*

Probablement celle de la justice. «Bienheureux ceux qui sont persécutés pour la justice...» Vous savez, j'ai un tempérament très «don Quichotte»... C'est peut-être pour cela que je suis devenu prêtre. J'ai toujours tendance à prendre pour le plus faible; je n'aime pas qu'on fasse du mal aux petits. Il n'y a rien de plus pénible pour moi que de voir un être humain méprisé, qui n'est pas respecté. Voilà peut-être pourquoi cette béatitude me touche davantage.

■ *Il existe même un certain paradoxe entre les Béatitudes de Matthieu et celles de Luc. C'est le cas de la première béatitude, «Heureux les pauvres», par exemple. Dans l'évangile de Luc, il s'agit vraiment de pauvreté économique, alors que dans le texte de Matthieu il est question de pauvreté du cœur, une notion plus spirituelle, à laquelle vous faites référence.*

La pauvreté, on peut la comprendre de bien des façons. Elle peut être économique, comme vous dites. Mais la pauvreté, c'est aussi l'incapacité de quelqu'un d'exprimer une chose importante pour lui. Voici un exemple: je me bats et ne cesse de répéter que le travail est un élément extrêmement important; je suis en effet très conscient qu'un être humain sans travail, c'est inacceptable. Sans travail, une personne ne participe pas à la société, tout le monde se donne le droit de lui dire comment faire et comment s'organiser, etc.

L'autre jour, je prenais la parole devant des juges qui m'avaient demandé de leur parler de la pauvreté. Je leur ai dit: «Je ne vous parlerai pas de la pauvreté; je vais vous parler des pauvres.» Mettons-nous dans la peau d'un pauvre: un pauvre, c'est un homme qui aimerait que ses enfants soient instruits comme tout le monde... mais il n'en a pas les moyens. Il dépend de tout le monde, il doit aller solliciter divers organismes pour obtenir le minimum. Un pauvre, c'est quelqu'un qui aimerait peut-être bien, une fin de semaine à l'occasion, prendre de la bière et fêter... mais s'il le fait, il sera jugé par ses voisins. Un pauvre, c'est quelqu'un qui aimerait peut-être, lui aussi, faire un voyage en Floride... mais il ne peut réaliser ce rêve. Un pauvre, c'est quelqu'un qui aimerait peut-être aussi avoir à se lever le matin pour aller gagner un salaire plutôt qu'attendre son chèque... mais il n'a pas trouvé de travail, on ne lui a rien offert.

Un pauvre, c'est une personne qu'on écarte constamment. Je reviens souvent à cette comparaison; il s'agit d'une des expériences les plus pénibles de ma vie. Quand j'étais jeune, je faisais partie d'une équipe de hockey; sans être le meilleur, je tirais honorablement mon épingle du jeu. Mais dès que la partie devenait serrée, je restais sur le banc parce que les entraîneurs envoyaient les meilleurs sur la glace; je ressentais alors une profonde frustration!

▓ *Vous étiez pauvre en hockey...*

Exactement. À travers cette expérience, j'ai vécu dans ma chair ce qu'on fait vivre à ces gens-là, à qui tout le monde dit quoi faire. Les fonctionnaires leur disent combien ils doivent recevoir pour avoir le minimum vital. C'est épouvantable! Essayez de vous mettre dans la peau de quelqu'un qui subit cela. Le pire, c'est quand la personne a franchi le cap et en arrive à dire: «C'est ma situation normale» et se laisse aller; elle devient un sous-humain... et moi, je n'accepte pas qu'il y ait des sous-humains.

Je reviendrai sur cette description de la pauvreté dans un autre chapitre de notre entretien, parce que c'est très important.

Pour conclure cette section sur la Bible... à l'exception de Jésus, quelle figure biblique vous influence le plus? À quel personnage biblique vous identifiez-vous le plus?

J'aime bien saint Jean-Baptiste. Pas la représentation de Jean-Baptiste, petit garçon bouclé avec un mouton... c'est de la fantaisie! Je comprends que les gens aient rejeté cette image.

Dans l'Écriture, Jean-Baptiste est tout le contraire: c'est un homme fort, un homme pour la justice qui a osé dire aux militaires: «Vous voulez savoir comment vous convertir? Arrêtez d'utiliser la violence. Les riches, vous voulez savoir comment vous convertir? Partagez vos biens» (*Luc* 3, 1-18). C'est extraordinaire! Un bon jour, il n'a pas craint de dire au prince Hérode: «Toi, tu n'as pas le droit de vivre avec la femme de ton frère.» L'histoire est bien connue: il l'a payé de sa tête (*Matthieu* 14, 3-12). Lisez l'Évangile en recherchant le personnage de Jean-Baptiste. C'est fascinant!

Jean-Baptiste m'inspire beaucoup: il dénonce l'injustice et, dans une période excessivement difficile, il nous appelle à dépasser la facilité. Il y a cependant chez lui une certaine aridité qui me plaît moins... vivre dans le désert, vêtu d'une peau de chameau, à manger des sauterelles, ce ne serait pas tellement mon genre! Mais je trouve que c'est un personnage moral extraordinaire. Le Christ a effectivement dit de lui qu'il était le plus grand des enfants des hommes (*Matthieu* 11, 11). Tout un témoignage envers celui que nous avons choisi comme patron!

▓ *Dans quelle mesure considérez-vous que votre message ou le message de l'Évangile est encore pertinent, encore moderne? Comment le message catholique est-il encore pertinent?*

Par son contenu. Je crois que le contenu et la connaissance de l'humanité qu'on retrouve dans l'Évangile ne peuvent que perdurer. L'être humain, aujourd'hui, n'est pas différent de ce qu'il était au temps du Christ. Et ce que dénonçait Jean-Baptiste, ce que dénonçait le Christ, vous le retrouvez sous d'autres formes aujourd'hui: l'égoïsme, la violence, l'injustice, le fait que certaines gens s'attribuent tous les biens au détriment des autres, etc. Toutes ces réalités perdurent. C'est en ce sens qu'il faut comprendre cette parole de l'Évangile: «Il y aura toujours des pauvres parmi vous» (*Marc* 14, 7). Le mot pauvres n'est pas à comprendre au sens de «quêteux»; il y aura toujours des faibles parmi nous, à cause de ce qui est profondément inscrit dans l'humain. Je crois que seul le message de dépassement des Béatitudes et de l'Évangile peut apporter une solution. Mais il n'y a pas de solution miracle; si on ne se change pas, on ne peut pas changer le monde, j'en suis convaincu.

■ *On pourrait dire que c'est un message fondamentalement humain, mais que les gens connaissent très peu puisqu'il possède ce reflet de religion.*

Vous savez, une des grandes tentations de l'Église est de s'installer dans l'humain. Elle a longtemps fait cette erreur et elle la fait peut-être encore. Le message de l'Évangile en est un de route, de chemin, de dépassement, pas d'installation. Malheureusement, la grande tentation qui guette toutes les religions consiste à passer de la foi à la religion. La foi est l'adhésion à une personne, à un message; la religion est l'organisation de la vie de ceux et celles qui ont adhéré à cette personne. L'ennui, c'est qu'un tas de gens s'engagent dans une religion... en ayant complètement oublié vers qui ils vont! C'est la situation que nous avons vécue au Québec, à une certaine époque. Un tas de gens fréquentaient l'église avant même d'avoir découvert Jésus Christ!

■ *Dans ce retour aux sources fondamentales, dans vos écrits populaires, vous revenez souvent à des choses qu'on croyait disparues. Vous revenez à un langage qui pourrait vous apparenter à l'Église plus traditionnelle de notre enfance, comme si vous y aviez puisé certaines notions.*

Je parle souvent de ce que nous avons vécu dans notre jeunesse...

■ *Vous réintroduisez dans le discours un langage qui semblait disparu.*

54

Peut-être, mais mon intention n'est pas là. Je veux faire découvrir, dans des choses qui sont restées dans l'inconscient populaire de bien des gens, les véritables éléments de valeur qui s'y trouvaient et que nous avons perdus. Je suis convaincu que, dans la crise religieuse vécue au Québec, on a souvent «jeté le bébé avec l'eau du bain» et, malheureusement, on y est peut-être allé un peu vite. Il y avait beaucoup d'«eau» à rejeter, j'en conviens volontiers, mais il ne fallait pas tout rejeter. Le christianisme présente des valeurs profondes, des valeurs de solidarité, d'entraide, l'importance de s'accrocher à une croyance dans les moments diffi- ciles... que les gens redécouvrent aujourd'hui et que souvent ils redécouvrent mal. Certains les retrouvent dans une secte ou avec je ne sais quel gourou, qui leur extorque leur argent... Alors que nous possédons, dans notre culture traditionnelle, tous les points d'ancrage voulus auxquels il nous faut revenir, me semble-t-il.

▨ *Que vous avez occultés?*

Peut-être que l'Église les a occultés d'une certaine façon. Mais le monde moderne, surtout, les a occultés.

La prière et les sacrements

▨ *Dans* Prières, *un élément m'apparaît important: Michel Quoist présente des prières qui partent toujours de réalités très concrètes. Ce n'est pas la prière comme on nous l'a enseignée, à partir de formules toutes faites. Est-ce votre façon à vous de prier?*

Oui. Je suis un homme de prières concrètes. J'ai appris à prier dans la J.O.C., avec des jeunes qui avaient des préoccupations bien simples. Souvent, dans une réunion, nous passions toute une soirée à discuter des problèmes humains que les jeunes rencontraient. Pour moi, rien n'était plus signifiant comme point de départ pour parler au Seigneur. C'est ce que fait Michel Quoist. Il peut prier à partir de la personne seule, du pauvre qui est dans la rue et qui gèle, etc. Il présente des modèles de prières très incarnées, qui m'inspirent. Cela rejoint ce que je disais tout à l'heure à propos de l'union entre l'action et la contemplation dans *Au cœur des masses*. C'est un peu pour cette raison que, parmi tous les livres que j'ai lus, je vous ai suggéré ces trois-là.

▧ *Mais comme le dit la chanson: «Il y a des mots qui n'ont plus cours...» Et la prière est un mot qui ne prend plus auprès des gens. Peut-être parce qu'ils ont cette image traditionnelle de la prière, je ne sais trop... mais les gens n'ont plus le sentiment de prier.*

... alors qu'en réalité certains mots, certaines réalités très populaires aujourd'hui s'en rapprochent. On parle volontiers de méditation, d'intériorité, de réflexion, de temps d'arrêt, de retour en soi, de redécouverte de son intérieur, de son moi profond. Voilà autant d'attitudes qui peuvent placer la personne sur le chemin de la prière. Il s'agit d'une sorte de mouvement par lequel je puise dans ce que je vis pour rejoindre ou pour retrouver des forces vives. Pour moi, ces forces vives sont essentiellement présence de Dieu, un Dieu personnel à qui je peux parler en toute confiance de ce que je vis et qui est capable de me répondre. Sa réponse peut parfois surprendre, mais il répond. Le mouvement le plus intense de la prière est un dialogue entre la personne et Dieu. Ainsi, je peux reprendre ma réalité, enrichi de la présence de Dieu qui se fait tout proche de moi et qui vient m'habiter.

▨ *Dans une homélie à des jeunes, vous avez déjà dit: «La prière nous fait sentir notre fragilité.» Cardinal Turcotte, où est votre fragilité?*

Ma fragilité, c'est de constater que je ne suis pas capable d'être complètement fidèle au message de l'Évangile. C'est un message excessivement exigeant, qui invite à une grande perfection... Jésus nous dit en effet: «Soyez parfaits comme votre Père céleste est parfait.» Et c'est dans la prière que je suis confronté à l'exigence du message et à mon incapacité quasi radicale à y être complètement fidèle. Pour moi donc, la foi, c'est toujours un chemin, une marche en avant, un dépassement qui me permet d'aller un peu plus loin, tout en étant très conscient de ma fragilité. Mais grâce, justement, à l'aide de la prière et du Seigneur, je suis capable de vaincre un certain nombre de mes fragilités.

Cela m'apparaît très important. Je l'ai déjà affirmé à plusieurs reprises en entrevue. Quand on me demande, par exemple: «Vous n'êtes pas découragé de voir tant de catholiques qui ne pratiquent pas, qui ne suivent pas les enseignements du pape sur le contrôle des naissances ou sur telle ou telle autre position?» Je réponds: non, ça ne me décourage pas. L'Évangile est fait pour tous les chercheurs de perfection. Un chemin de perfection nous est proposé, chemin qui sera toujours difficile à suivre. Mais ce que le Christ nous demande, c'est de ne jamais arrêter de chercher l'étoile et de marcher vers elle. Et pour y arriver, il nous a donné un moyen extraordinaire qui, aujourd'hui, n'a malheureusement pas bonne presse: c'est le fait de pouvoir nous reconnaître pécheurs et d'obtenir son pardon.

Mgr Turcotte, vous êtes un homme d'action, mais vous affirmez: «J'ai besoin de solitude, de silence.» Compte tenu de vos fonctions et d'un horaire extrêmement chargé, comment parvenez-vous à trouver un lieu de prière, de recueillement et de silence?

Je pense qu'il faut le vouloir et s'organiser pour l'obtenir. Si je ne le fais pas, la vie va m'entraîner partout ailleurs. Et je vous avoue que, dans ma vie de prêtre, il fut une période, au début de mon ministère, où j'ai beaucoup prié; avec le temps, je me suis retrouvé débordé, comme tout le monde. Mais il y a une vingtaine d'années, j'ai pris conscience que je n'avais plus qu'une prière «professionnelle»; je ne priais que lorsque j'étais «en devoir»... Je me suis donc arrêté et je me suis dit: «Non. Ça ne fonctionne pas. Je ne peux pas donner professionnellement ce que je n'ai pas personnellement en moi.» Toute une redécouverte! C'est pourquoi aujourd'hui je m'impose des temps d'arrêt. J'organise ma vie en conséquence.

Quel sens a votre prière? Quelle forme prend-elle? Les gens pourront se demander: «À quoi ressemble la prière d'un cardinal?»

Je pratique tous les jours un certain nombre d'«exercices». Entre autres, le bréviaire et la messe. Le bréviaire, en particulier, constitue une très grande richesse qu'on goûte encore mieux depuis qu'on peut le dire dans notre langue maternelle. Au temps du latin, je ne suis pas certain de l'avoir apprécié autant. Il y a également la messe, que je célèbre souvent en public, mais aussi en privé. J'aime bien pouvoir prendre mon temps pour dire la messe.

Voici un exemple très personnel de ce que peut être ma prière. Je dois parfois donner une entrevue à la télévision dans des circonstances très difficiles, pour défendre certains textes officiels, par exemple. Il ne faudrait pas croire que je n'aie pas le trac ni d'inquiétude face au déroulement de l'entrevue. Je sais bien que la personne qui se trouve devant moi n'est pas là pour me défendre. Les gens me demandent: «Comment faites-vous pour rester calme?» Eh bien! je prie et je dis au Seigneur: «Seigneur, inspire-moi. Inspire-moi les paroles qu'il faut...» Jésus affirme en effet dans l'Évangile: «Si jamais on te fait un procès à cause de moi, ne t'inquiète pas trop des réponses. Je vais t'aider.» Je crois que c'est ce qu'il fait.

▨ *N'est-ce pas en quelque sorte une forme de pensée magique?*

Peut-être. Certains peuvent le voir ainsi. Mais c'est moi qui le vis et qui sais l'expérience que je vis et ce que cela m'apporte. Tout ce je peux faire, c'est témoigner de mon expérience et dire: «Essayez-le, vous verrez!»

▨ *Quel est votre rapport à la messe? Vous savez, la messe attire moins de fidèles. Je me souviens d'avoir entendu des gens, jeunes ou moins jeunes, dire: «La messe, c'est ennuyant.» Comment trouvez-vous encore, après tant d'années, ce lien de prière avec la messe?*

La messe est au centre du mystère de la foi. Pour l'apprécier vraiment, il faut, je crois, y participer plutôt que simplement y assister. Il faut que tous ceux et celles qui y viennent apprennent à s'unir au Christ qui nous donne la vie de Dieu en offrant sa propre vie. C'est ainsi que nous nous trouvons à collaborer avec Dieu. Nous apportons le pain et le vin qui sont les fruits de notre travail humain; nous les offrons à Dieu qui les transforme au corps et au sang du Christ avant de nous les remettre en nourriture spirituelle. Ainsi, quand je célèbre la messe, j'unis au pain et au vin les événements que je vis, tout comme les personnes qui me sont confiées avec leurs peines, leurs difficultés, leurs réussites et leurs joies. Je les présente comme une offrande en demandant à Dieu d'associer tout cela à l'offrande que le Christ fait de lui-même.

Il faut aussi savoir qu'à la messe le Christ nous parle. Il le fait par les extraits du livre de la Parole de Dieu qu'on y proclame. Ce sont certes de vieux textes, mais ils ont conservé toute leur saveur parce que Dieu s'y exprime librement. C'est ainsi qu'on peut parfois trouver réponse à une prière; on y trouve presque toujours des éléments qui nous poussent en avant sur ce chemin de perfection dont je vous ai parlé tout à l'heure.

■ *Entre votre première messe de jeune prêtre et votre messe d'aujourd'hui, vivez-vous la même intensité?*

Je pense qu'aujourd'hui j'y apporte davantage de «vécu» que je ne le faisais à l'époque. J'ai rencontré des difficultés, côtoyé des gens, je fais face à des problèmes qui m'étaient autrefois étrangers, etc.

*«La messe
est au centre
du mystère
de la foi.»*

Pour moi, la messe, c'est le meilleur moyen d'offrir à Dieu tout ce qui est humain, en lui demandant de le transformer et de le faire fructifier. Ce que je veux exprimer est peut-être difficile à comprendre, parce que l'Eucharistie est le sommet de la vie chrétienne.

Quand j'œuvrais au sein de l'action catholique, nous organisions parfois des fins de semaine de formation, pendant lesquelles nous célébrions une eucharistie. La messe se disait encore en latin, «dos au peuple». Malgré cela, ces célébrations comptent parmi les plus belles que j'aie vécues. Pourquoi? Parce qu'elles avaient un sens. Nous venions de partager des moments très intenses pendant deux ou trois jours, et la messe venait en quelque sorte consacrer ce que nous avions vécu pour lui donner un élan vers l'avenir. C'est vraiment ça, la messe: je viens chercher la force de Dieu et je suis envoyé pour la porter aux autres. Voilà pour moi le sens profond de l'Eucharistie.

Certains vous diraient: «N'êtes-vous pas allés trop loin en enlevant tout le mystère, en voulant vous rapprocher des gens?» Avez-vous la nostalgie de ces messes qui étaient un peu plus lointaines ou un peu plus mystérieuses?

Non. Le mystère, c'est quelque chose qu'on n'a jamais fini de comprendre. Et moi, j'avoue que j'aime bien comprendre! Je ne regrette donc pas cette époque.

Je ne suis peut-être pas un grand théologien, mais pour moi, dans l'Eucharistie, nous offrons à Dieu ce qu'une communauté a vécu pendant une période donnée et nous lui demandons de le transformer, pour qu'ensuite nous puissions, enrichis de la force de Dieu, retourner dans notre vie quotidienne et rendre le monde meilleur. Malheureusement, bien des gens n'ont pas conscience d'apporter quelque chose lorsqu'ils viennent à la messe. Peut-être notre façon de vivre ce mystère ne leur permet-elle pas cette prise de conscience; je ne sais pas. Nous avons à nous questionner grandement. En effet, pour bien des gens, l'Eucharistie demeure un acte passif et de dévotion privée. Et ce n'est pas ça! La messe n'est pas une dévotion privée.

Alors comment ramener les gens à la messe?

Peut-être en leur faisant prendre conscience qu'il existe d'autres façons de prier.

Un des moyens qui alimentent ma vie de foi, c'est la méditation, ou la réflexion spirituelle, peu importe le nom. J'aime bien prendre une période importante chaque jour pour parler à Dieu. Un peu comme le brave vieux que le curé d'Ars voyait tous les jours dans son église. Le curé d'Ars lui demanda un jour: «Que fais-tu là?» Le vieux répondit: «Je l'avise et il m'avise.»

J'ai aussi trouvé une façon de prier qui, d'après moi, peut convenir à bien des gens: parler à Dieu. Bien sûr, il est bon d'aller prier Dieu là où il est présent d'une façon spéciale, dans une église, par exemple; mais nous pouvons aussi le rencontrer dans notre chambre, en faisant du jogging, etc.

Au-delà des mots, cela peut aussi sembler une formule toute faite. Mais vous lui parlez véritablement?

Oui, à l'intérieur de moi. Je lui parle comme à un être vivant, comme à un ami. Je lui raconte tout ce que je vis. Je lui parle de moi, de mes amis. J'en ai pour une bonne heure à passer tous les gens que je connais, avec leurs problèmes! Je dis: «Seigneur, je connais une telle; elle a beaucoup de difficultés en ce moment. Donne-lui une chance!» C'est tout simple. Il m'arrive parfois d'être à court de paroles, mais comme j'ai l'habitude d'établir une sorte de communication intérieure avec le Dieu vivant auquel je crois, le lien entre nous demeure, même dans le silence.

Je parle à Dieu et lui aussi me «parle». Mais pas dans les oreilles... Je n'ai pas eu d'apparitions; je ne suis pas le genre non plus à faire de la lévitation, je suis trop lourd! Je sens des inspirations qui viennent d'en dedans. Quand je parle à Dieu d'une personne, des difficultés qu'elle vit, par exemple, souvent une question me vient à l'esprit: «L'as-tu rencontrée, toi? As-tu fait quelque chose pour l'aider?...» C'est la voix du Christ qui vient me faire signe. Je crois que ça arrive à tout le monde. Si je parle à Dieu d'une dispute que je viens d'avoir avec quelqu'un, d'un événement malheureux, quand j'ai fini de lui parler, des questions se posent en moi: «Toi, qu'avais-tu fait? Avais-tu pleinement fait ta part? etc.» C'est une espèce de dialogue de remise en question qui m'ouvre des voies nouvelles, qui me fait penser à des choses que je n'aurais peut-être pas vues au premier regard, qui m'amène à remettre en question même mes certitudes les plus absolues, qui me révèle mes fragilités. Je rejoins ici ce mot employé plus tôt.

Finalement, je prends conscience qu'en chacun de nous il y a bien des visages. Je suis l'être que je veux paraître; je suis l'homme que les gens pensent que je suis; et je suis celui que je suis véritablement. C'est rarement le même personnage! La prière a pour moi l'effet de me remettre en question et, souvent, je suis obligé de changer certaines attitudes, certaines façons de voir les choses. Combien de fois, par exemple, par la prière j'ai remis en question certaines décisions que j'avais prises...

Voilà le fruit de mon dialogue avec Dieu.

Vous dites: «Il y a en chacun de nous bien des personnages.» Quel est le Jean-Claude Turcotte que nous connaissons le moins? Je ne vous demanderai peut-être pas d'élaborer si vous voulez le garder secret... mais quelle est la part la plus secrète de vous-même que vous avez le plus protégée?

Je ne pense pas être un homme qui se protège beaucoup; je me trompe peut-être. J'ai plutôt l'impression d'être un homme qui en dit trop, qui en révèle trop...

... pour ne pas révéler l'essentiel?

Là, vous me demandez de jouer au psychanalyste, et ce n'est pas mon fort! Non, je ne pense pas. Mais je ne vous cache pas que j'ai bien sûr des sentiments... Je suis assez soupe au lait, je me fâche assez vite. Ceux qui me connaissent le savent; la colère sort rapidement, mais ne dure pas. Pourquoi est-ce qu'elle ne dure pas? J'ai déjà réfléchi là-dessus. Je pense que c'est grâce à la prière qui me donne l'occasion de revenir sur ce que j'ai vécu.

J'ai pris des habitudes, aussi: quand je suis en colère, je ne prends jamais de décision; je n'écris jamais de lettre. Je me mets à l'épreuve, parfois; quand je suis toujours sous le coup de la colère, je dicte la lettre à ma secrétaire. Mais elle me connaît; elle finit toujours par me la rapporter en disant: «Monseigneur, vous reverrez ça...» Elle sait bien que je vais la corriger, que je suis incapable d'écrire ce que j'ai dit sous le poids de la colère. Mais ça, c'est le fruit d'années d'expérience et d'une bonne connaissance de soi. Si je suis très fâché et que je rencontre la personne tout de suite, je vais dire des choses qui vont forcément dépasser ma pensée, qui vont peut-être la blesser. Alors il est bon de laisser reposer.

C'est un exemple; connaissant le personnage qui agit, que je ne veux pas trop laisser aller sans brides, comment vais-je prendre les moyens pour m'en corriger, de façon à ce qu'il ne fasse pas trop de gaffes?

Vous avez parlé de la messe; vous avez parlé de la prière. Il existe des symboles, un monde étrange, je dirais, même pour de nombreux adultes: c'est le monde des sacrements. Est-ce une mode dépassée? Je sais que vous y attachez de l'importance dans l'Église catholique, mais les gens désertent les sacrements. Considérant tout cela, quelle est votre attitude face aux sacrements?

Je suis profondément respectueux des sacrements, parce que ce sont les moyens que Jésus Christ lui-même a privilégiés pour faire parvenir l'aide de son Père aux humains. Plusieurs sont liés aux grands événements de la vie humaine. Le baptême, à la naissance; la confirmation, à l'entrée dans la vie adulte ou responsable.

La bar mitzva des catholiques, en quelque sorte.

On retrouve quelque chose de cela dans la plupart des grandes religions. Cependant, il faut ajouter que si

«La confirmation
est croissance
dans la foi.»

le baptême est naissance à la vie de Dieu, la confirmation est aussi croissance dans la foi. On y célèbre la possibilité que Dieu nous donne, par la force du Saint-Esprit, de vivre à la manière de Jésus et d'être de véritables témoins de l'Évangile. C'est en quelque sorte tout le programme de la vie chrétienne qui est alors remis à la personne confirmée.

Le mariage représente pour la plupart des gens un choix très important, dans lequel rares sont ceux et celles qui s'engagent à la légère. L'ordination sacerdotale, c'est l'équivalent pour ceux qui veulent devenir prêtres. Le passage de la maladie représente toujours une expérience importante: il s'agit d'avoir été sérieusement malade une fois dans sa vie pour savoir qu'il se passe quelque chose à ce moment-là qui nous fait voir la vie différemment. Il y a un sacrement pour le souligner: le sacrement des malades, qu'on a malheureusement trop longtemps présenté comme un sacrement qui prépare à la mort imminente.

Ce qu'on appelait autrefois l'extrême onction...

... devenue aujourd'hui le sacrement des malades.

Et il y a le pardon, sur lequel j'insiste beaucoup. Je trouve dommage que les gens ne comprennent pas l'importance du pardon dans la vie.

C'est là que vous jouez aux psychanalystes.

Ce que les gens pouvaient vivre dans le sacrement du pardon, je prends conscience qu'aujourd'hui ils vont le chercher partout ailleurs. Il y en a même qui vont raconter leurs plus grands secrets à la radio, dans des émissions de lignes ouvertes... C'est épouvantable!

Certains y racontent des choses qu'ils ne confieraient probablement même pas à un prêtre au confessionnal!

Peut-être n'avons-nous pas su présenter ce sacrement de façon signifiante. Il y a une image qui m'a toujours déplu: celle du «tribunal de la pénitence»... comme si on allait là pour être condamnés!

▨ *Mais il y avait une pénitence.*

La pénitence n'est pas donnée dans le but de punir. Il s'agit normalement d'un geste de reconnaissance, d'action de grâce, destiné à manifester qu'on a retrouvé une plus grande qualité de vie chrétienne.

Au fond, ce sacrement est l'assurance que le pardon de Dieu est accordé. Lorsque je célèbre ce sacrement, je dis toujours à la personne: «Le pardon que vous demandez à Dieu, je suis heureux de vous le donner et de vous le signifier.» Le prêtre est là pour offrir le pardon au nom de Dieu et de l'Église.

Au fil du temps, le sacrement a été déformé: il est devenu comme une espèce de tribunal... et je ne dis pas que certains prêtres n'ont pas exercé le ministère du pardon de cette façon!

▨ *J'allais soulever la question. Il y a eu, dans le passé, des prêtres qui avaient le pardon lourd.*

Quand on étudie l'histoire de l'Église, on se rend compte que le sacrement de la pénitence et de la réconciliation est celui qui a changé le plus souvent de forme. Il y a d'abord eu les pénitences publiques; les gens se reconnaissaient publiquement pécheurs. Ça ne devait pas être particulièrement facile. Puis vint le temps où l'on a pu avouer ses fautes à un confesseur, en privé.

Pour donner l'absolution, ce dernier devait ajuster la pénitence à la gravité de l'offense. C'est de là que viennent la tradition des pèlerinages ainsi que celle des indulgences qu'on pouvait mériter de manière à alléger la peine imposée.

■ *Les indulgences, avec tous les abus...*

Oui, forcément. Quand on prend une chose spirituelle et qu'on essaie de la monnayer, on tombe dans la simonie, le trafic des choses saintes (*cf. Actes des apôtres* 8, 5-25)! Au fond, Luther avait bien raison, au début, en critiquant l'Église sur ce point-là. Mais ça s'est gâté par la suite...

■ *Dans votre perspective à vous.*

Tout à fait. Et je pense que c'est reconnu par l'ensemble de l'Église aujourd'hui.

Pour moi, il n'y a pas de vie humaine, pas d'association humaine qui puissent se vivre sans pardon. C'est vrai dans un couple; c'est vrai dans l'amitié; c'est vrai dans n'importe quel groupe communautaire. Si je ne suis pas capable, à un moment donné, de pardonner des offenses qu'on me fait, comme je l'affirme dans le Notre Père, la vie n'est pas vivable!

Nous avons donc grandement besoin de pardon. Ceux et celles qui croient en Dieu sentent le besoin de demander pardon; la preuve, c'est que les gens se confessent. Plusieurs disent: «Je me confesse à Dieu.» Nous sentons le besoin d'être sûrs que Dieu nous a pardonné certaines bêtises. Le Seigneur Jésus Christ a donc institué un signe sensible, un sacrement, pour dire: «Ce pardon-là, oui, il t'est donné; demande-le à un prêtre.» Les prêtres sont les ministres du pardon de Dieu.

▓ *Mais les gens sont très loin de ce sacrement.*

Oui.

▓ *Je dirais même: les gens ne connaissent pas toujours le sens réel des sacrements.*

Pour une raison fort simple: on en a fait des caricatures, des comportements sociaux. Et plusieurs voient encore dans les sacrements l'adhésion à un comportement social obligatoire. Je suis sûr que bien des gens ne comprennent pas le sens des gestes qu'ils posent. Par ailleurs, cette mauvaise compréhension a l'avantage de nous amener les gens et nous donne l'occasion de leur faire comprendre le vrai sens de ces gestes.

▓ *Face au sacrement du pardon, plusieurs personnes établissent un lien direct avec Dieu, sans votre intermédiaire.*

C'est vrai. Et peut-être faut-il passer par une période de relatif abandon du sacrement du pardon pour retrouver des formes nouvelles. Cela s'est déjà produit dans l'histoire de l'Église, et c'est un peu de cette façon que j'interprète la désaffection actuelle. Ce qu'on rejette, c'est peut-être une certaine façon de vivre le sacrement pratiquée dans le passé, soit par des prêtres, soit par des fidèles eux-mêmes. Il fut un temps, en effet, où les gens fréquentaient le sacrement du pardon pour obtenir des normes de comportement...

■ *Mais considérez-vous encore comme essentiel l'intermédiaire entre nous et Dieu dans le sacrement du pardon?*

À mon avis, il est essentiel. La preuve en est que ce que les gens ne viennent plus trouver dans le sacrement, ils vont le chercher ailleurs. Le prêtre agit comme intermédiaire, signe donné par Dieu pour que nous ayons la certitude que son pardon est accordé. C'est très important, et même nécessaire. Je suis convaincu que cette pratique reviendra dans nos comportements d'ici dix ans. Vous saurez me le dire...

3

L'homme de Jean-Paul II

LA FORCE DE LA HIÉRARCHIE

▨ *Vous êtes le produit de l'Église triomphante qui contrô-
lait notre vie sociale et nos comportements. Aujourd'hui,
vous vous retrouvez à la tête d'une Église de mission. J'ai
parfois l'impression, cardinal Turcotte, que vous auriez été
très à l'aise dans l'Église triomphante de mon enfance.*

Ce n'est pas mon impression. Au contraire, si vous
saviez comme je me sens libéré de cette Église, de
l'espèce de mariage qu'il y avait entre l'Église et l'État,
de l'attitude des gens qui attendaient des hommes
d'Église des règles de comportement pour tout. Et je ne
cache pas l'aversion que je porte aux costumes
d'apparat!

J'ai été très marqué, peut-être davantage que
d'autres, par mon passage à l'action catholique. Même

si je suis prêtre, je me sens «laïc», en ce sens que j'ai partagé les guerres — le mot n'est pas trop fort — qu'ont menées les laïcs pour obtenir une place dans l'Église. Vous savez, dans les années quarante et cinquante, un laïc avait une seule chose à faire dans l'Église: il donnait à la quête et se taisait. Il écoutait ce que lui disaient les pasteurs. Très jeune prêtre, j'ai eu la chance — parce que je considère que c'est une chance — d'être confronté à la réalité de jeunes garçons et filles du monde ouvrier, sans instruction, qui affirmaient: «L'évangélisation, ça nous intéresse et ça nous regarde. Quand il s'agit de trouver des manières concrètes d'incarner le message du Christ dans notre vie quoti-dienne, nous sommes les spécialistes, pas vous!» Et ils avaient bien raison! Je me souviens d'avoir été, très tôt, confronté à des situations pour lesquelles je ne trouvais pas, dans mes livres de morale et dans l'enseignement que j'avais reçu, d'indication du comportement évan-gélique à développer. En voici un exemple. Dans les années soixante, en certains endroits, le vol était orga-nisé en système: si un individu commettait un vol, tous les témoins potentiels recevaient une part du butin... en échange de leur silence. Dans ces conditions, comment conseiller ce jeune débardeur, témoin d'un vol au port, qui a un grand souci de justice? On ne retrouve rien de bien précis dans l'Évangile! Il est facile de dire: «Tu dois refuser les pots-de-vin, les bottines neuves, les petits cadeaux...» Mais le jeune savait bien qu'un refus lui attirerait des ennuis et qu'il serait probablement victime d'un «accident» quelques jours ou quelques semaines plus tard. C'était la règle du jeu. Que faire dans un tel cas? Il faut se comporter de façon très humble. J'ai vécu de telles situations. Que faire devant un père de famille de quarante-sept ans venu me raconter en pleurant qu'avec son salaire de trente-deux dollars par semaine dans l'industrie de la chaussure il n'arrive pas à faire éduquer ses enfants? Qu'est-ce que je lui dis? Je n'ai pas de réponse à lui donner.

Ces problèmes de la vie quotidienne, du travail, voilà sur quoi nous faisions la révision de vie dans l'action catholique. Cela m'a permis de prendre conscience que les laïcs étaient peut-être bien plus compétents pour trouver des solutions, peut-être imparfaites au point de vue de l'objectivité de la doctrine, mais très concrètes et très collées sur le réel. Et la prière? Il est facile de dire un Notre Père, un Je vous salue Marie, un *Tantum ergo*. Mais comment prier vraiment quand nous venons de partager nos problèmes bien réels, nos différences et nos souffrances et que nous voulons que notre prière en soit inspirée? Les jeunes de l'action catholique n'étaient pas intéressés à parler d'autre chose. Prier, c'était parler au Christ de tout cela.

Tout cela vous permet de comprendre que j'ai eu la chance extraordinaire de saisir assez vite que le triomphalisme n'était certes pas la voie d'avenir pour notre Église.

Mais tout ce que vous me décrivez comme perception, toute cette vie dont vous me parlez, c'est au début de votre prêtrise...

Tout à fait.

... et assez rapidement, vous avez cheminé dans la hiérarchie de l'Église.

Oui.

■ Comment s'est fait votre cheminement dans cette hiérarchie jusqu'à ce que vous deveniez évêque de Suas — je n'ai pas trouvé sur la carte?

C'est quelque part en Tunisie...

■ Juste une petite parenthèse... Pour ceux qui ne la connaissent pas, il y a une tradition dans l'Église selon laquelle un évêque doit avoir un territoire.

Nécessairement. Les évêques auxiliaires, qui n'ont pas de territoire propre, ne peuvent pas partager l'autorité sur le territoire de l'évêque titulaire. C'est pourquoi on leur donne le titre d'une Église aujourd'hui disparue. Évêque auxiliaire de Montréal, j'étais évêque de Suas, un ancien village de Tunisie, en Afrique du Nord. Aujourd'hui, il n'en reste plus rien; c'est en plein désert.

■ C'est ce qui s'est passé pour Mgr Gaillot quand on lui a retiré son diocèse: on lui a attribué le diocèse de Parténia, je crois.

Oui. Il ne pouvait pas demeurer évêque sans avoir de territoire. C'est pourquoi on lui a donné un titre honorifique.

■ Revenons à votre cheminement.

J'ai d'abord été nommé vicaire à la paroisse Saint-Mathias où j'ai travaillé pendant mes deux premières années d'ordination. Je suis ensuite devenu assistant-aumônier diocésain de la Jeunesse ouvrière catholique. Puis je suis allé étudier un an à Lille, en France. De retour au pays, j'ai repris mon travail comme aumônier diocésain de la jeunesse indépendante catholique féminine et du Mouvement des travailleurs chrétiens. À partir de 1967, j'ai été chargé de diverses fonctions à l'intérieur de l'organisation diocésaine de Montréal: office du clergé, office de pastorale paroissiale, procureur du diocèse, vicaire général, coordonnateur de la pastorale. En 1982, j'ai été nommé évêque auxiliaire de Montréal.

Un élément important dans mon cheminement demeure le fait que, dès mes premières années d'ordination, j'ai été profondément marqué par l'action catholique. Je suis devenu un prêtre militant pour le laïcat. J'ai participé à des batailles célèbres, à des discussions très fortes avec des prêtres sur le rôle des laïcs dans l'Église. En 1962, s'est ouvert le concile Vatican II, une grâce exceptionnelle.

Vous aviez alors trois ans de prêtrise. Vous avez été ordonné prêtre en 1959.

J'étais tout jeune prêtre. Le cardinal Léger avait eu la bonne idée de nous engager, les prêtres de l'action catholique, pour entreprendre une consultation des laïcs. Il faut vraiment l'avoir vécu pour le croire. Des laïcs étaient consultés par le cardinal en vue du concile! Les gens étaient renversés. Nous, aumôniers et militants de l'action catholique, avions organisé une série de rencontres. Le tout s'est vraiment très bien déroulé. Je crois que nous avons beaucoup aidé le cardinal Léger dans sa préparation au concile.

À mon avis, la vision de l'action catholique, vision non cléricale de l'Église, vraiment ouverte au peuple de Dieu, est celle qui a été adoptée par le concile pour l'Église universelle. Nous savons le bouleversement qu'a créé le document sur l'Église, *Lumen Gentium*, où on a mis de l'avant l'Église peuple de Dieu. La hiérarchie existe toujours, mais elle reprend le rôle qui était le sien, celui du service. Avant, l'Église, c'était le pape, les évêques, les prêtres... et, en dessous, les laïcs. Avec Vatican II, la pyramide est renversée: l'Église, c'est d'abord le peuple de Dieu, au service duquel il y a des prêtres, des évêques et un pape.

Depuis l'arrivée de Jean-Paul II, n'y a-t-il pas eu une tentative de renversement, un essai pour modifier la pyramide, pour revenir à ce qu'elle était avant? Cet esprit né de Vatican II s'est-il refermé?

Vous savez, un concile met bien une centaine d'années avant de produire tous ses résultats. Je suis convaincu que, sur cet aspect, le dernier concile n'a pas encore produit tous ses fruits. La tentation de contrôler, d'empêcher le mouvement d'aller trop vite existe toujours.

Y a-t-il eu un resserrement sous Jean-Paul II? Je ne pense pas.

Est-ce que vous protégez Jean-Paul II, en disant cela?

Non. Une des caractéristiques de Jean-Paul II, c'est de vouloir diriger l'Église en collégialité avec les évêques, particulièrement quand ils sont réunis en synode. Il aura été le «pape des synodes». S'il n'en tenait qu'à lui, il y en aurait eu deux par année! Je sais pertinemment, par des confidences que m'ont faites certains de ses collaborateurs immédiats, que des évêques lui auraient dit: «Diminuez le nombre de synodes! Nous devons nous préparer. Trop, c'est trop! Nous ne sommes pas capables d'en faire autant que vous le voulez.» Le pape n'a jamais renoncé. Des synodes de l'Église ont lieu tous les trois ans; Jean-Paul II en aurait voulu un tous les ans. Il a donc créé les synodes continentaux pour passer entre les deux. Il a été élu pape en 1978, il y aura bientôt vingt ans. Eh bien! il y a eu, à ce jour, dix-sept ou dix-huit synodes. Si bien que Jean-Paul II a réussi à avoir son synode chaque année, comme il le souhaitait...

Peut-être me direz-vous: «Les synodes sont des synodes d'évêques!» C'est vrai; mais les synodes réunissent toujours deux cent cinquante évêques qui viennent de partout, et une centaine d'experts. Jean-Paul II a essayé, à son niveau, en tous cas, de vivre la collégialité de façon très intense. Dans la plupart des Églises, ici au Québec et au Canada, je pense que nous avons essayé d'être toujours mieux cette Église, Peuple de Dieu, remise de l'avant par Vatican II. Certaines Églises ont peut-être plus de difficultés. Nous-mêmes avons encore des efforts à faire pour découvrir comment le vivre vraiment.

▨ *Mgr Turcotte, pour le profane que je suis, dans les années soixante et soixante-dix, il y a eu comme un vent de liberté à l'intérieur même de l'épiscopat québécois et canadien; et depuis peut-être une décennie, on sent comme un resserrement de ce vent de liberté.*

Mon analyse est différente. Après les diocèses de Québec, de Sherbrooke, de Rimouski, de Gatineau-Hull, l'Église de Montréal est en plein synode. J'ai lancé un synode. J'ai dit aux gens: «Il n'y a aucun sujet tabou. Je veux que vous parliez de tout ce que vous voulez.» Je savais fort bien que je prenais des risques. Je savais que j'en verrais de toutes les couleurs! Mais pour moi, il est important que les gens s'expriment, même avec ardeur, même avec, dans certains cas, une complète méconnaissance de la Tradition. Je fais confiance à l'Esprit présent à l'intérieur du peuple de Dieu. Ce n'est pas ce que j'appelle un resserrement!

Dans votre perspective, le cardinal Jean-Claude Turcotte est-il plus à gauche? plus à droite? Comment vous situez-vous par rapport à ce vent de liberté des années soixante, soixante-dix dans le clergé? On a connu toute une génération de jeunes évêques, dont plusieurs sont disparus malheureusement trop tôt, je pense à Mᵍʳ Bélanger, à Mᵍʳ Hubert. Êtes-vous de cette lignée?

Je laisse les autres en juger. Je suis ce que je suis. Cependant, je n'aime pas tellement les notions de gauche et de droite. J'essaie seulement de m'y référer, parce qu'elles sont largement employées et comprises.

J'ai étudié en France en 1964, une année cruciale; c'est une des grandes années de querelle au sujet des prêtres ouvriers. Il était question de pastorale sociale. J'étudiais dans une école reconnue pour être de gauche. Je me suis retrouvé au cœur du bouillonnement... et j'ai développé là des allergies à tout ce qui s'appelle idéologie. Aujourd'hui, je suis incapable de supporter toute idéologie, qu'elle soit de droite ou de gauche. Pourquoi? Parce qu'une idéologie vient d'une certaine conception de l'esprit et, à partir d'une idéologie, sans nous en rendre compte, nous forçons la réalité pour la faire entrer dans nos concepts et nos grilles d'analyse, alors que nous devrions faire le contraire. Personnellement, par tempérament et par goût, j'aime bien d'abord analyser une situation, puis examiner la théorie par la suite. Cela me permet d'être bien sûr de ne pas me tromper. Certains diront que c'est très primaire, que ce n'est pas juste; c'est ce que j'appelle une approche très moderne.

■ *Et si je vous disais que vous partez vous-même d'une idéologie, celle de votre religion? Vous appartenez à une idéologie.*

C'est vrai. Et ça fait partie de mon analyse du réel que de la confronter avec tout ce que nous avons vécu. Il est vrai qu'on peut concevoir la religion, en avoir une idée théorique. Mais pour moi, la religion, c'est une histoire dont je dois tenir compte. L'Église de Montréal m'a été confiée avec, bien sûr, un projet à réaliser, mais aussi avec un héritage que je ne peux pas balayer du revers de la main, comme on le fait hélas! trop facilement aujourd'hui. Je suis très attaché à ce que nous avons vécu dans le passé. Comme je l'ai dit tout à l'heure, l'Évangile est pour moi un message de route. Nous, les humains, nous sommes sur un chemin. Nous venons de quelque part et nous allons quelque part. Mais nous ne pouvons aller nulle part si nous oublions d'où nous venons.

À la blague, je dirais que je ne suis ni d'extrême droite ni d'extrême gauche; je suis d'extrême centre. Autrement dit, l'analyse de la réalité, la confrontation avec l'histoire, la confrontation avec le projet contenu dans l'Évangile, tous ces éléments sont importants pour déterminer ce que je pense. Malheureusement, dans beaucoup d'approches idéologiques, on oublie un des trois pôles. On veut tellement aller à tel endroit qu'on oublie d'où on vient, on oublie d'analyser la réalité.

Quelle sorte d'évêque suis-je? Je laisse les gens en juger.

▨ *Mais comme vos prédécesseurs, vous êtes de la hiérarchie, vous appartenez à une hiérarchie.*

Je n'ai pas le choix. Ma mission, je la vis avec ce que je suis, d'une façon forcément différente de mes prédécesseurs.

Un homme fidèle à Jean-Paul II

▨ *D'ailleurs, on ne sent pas chez vous de crise existentielle face aux prises de position de Rome, positions qui sont contestées à l'extérieur de l'Église, mais aussi par de nombreux catholiques. Pas de remise en question de votre côté?*

L'Évangile n'est pas un message avec lequel on peut jouer comme on veut. Il va à l'encontre de l'approche de notre monde moderne, qui considère souvent une vérité à partir du nombre de personnes qui y adhèrent. Je ne crois pas à ça; ce n'est pas parce que cent mille personnes croient une chose qu'elle est plus vraie! L'histoire du monde, d'ailleurs, nous a démontré que, bien souvent, le contraire était vrai. Prenons Galilée, par exemple; quand il a commencé à affirmer que c'était la terre qui tournait autour du soleil...

▨ *Beaucoup de catholiques ne l'ont pas cru.*

... et de non catholiques, aussi. À l'époque, cette idée était révolutionnaire. Et pourtant, Galilée avait raison.

On peut dire la même chose du message de l'Évangile. Ou bien on croit, ou bien on ne croit pas que c'est un donné révélé, que le Christ était homme mais qu'il était aussi Dieu, qu'il est venu apporter un message éclairant pour l'homme, un message qui n'est pas imposé mais proposé. Contrairement peut-être à ce que pensent nombre de catholiques, une des plus grandes valeurs chrétiennes est la liberté. En ce sens, je ne suis jamais fâché de constater que des gens acceptent certaines parties d'Évangile... et n'arrivent pas à accepter certaines autres. Ce qui me choque, c'est que des personnes tentent de changer le message sous prétexte que leur vie n'y est pas conforme. Comme je l'ai déjà dit à un groupe de jeunes: «Je ne peux pas faire un sondage tous les quinze jours pour vous demander quels bouts d'Évangile vous n'aimez pas et me mettre à les effacer!»

Mais l'interprétation actuelle a pour effet d'éloigner des gens de l'Église...
Êtes-vous l'homme de Jean-Paul II? Vous m'avez dit que vous aviez beaucoup de respect pour Jean-Paul II, que vous lui étiez très fidèle. En devenant cardinal, est-ce que vous acceptiez sans restriction ses orientations, son virage?

Je pense que je serais incapable de demeurer dans une Église si je ne partageais pas son enseignement. Évidemment, certaines choses sont de moindre importance, les apparitions, les indulgences, par exemple. Sur certains points, le Christ ne s'est pas prononcé; on peut en discuter beaucoup plus volontiers. Mais l'essentiel du message est clair: le Christ est à la fois homme et Dieu, venu nous apporter un enseignement auquel nous devons être fidèles, même si c'est parfois difficile.

Et si certaines parties essentielles du message vont à l'encontre de ce que pense notre monde, je ne fais aucune concession.

Peut-on dire, sur les grandes questions qui opposent bien des catholiques à Rome, par exemple, qu'il y a un décalage entre votre pensée et vos paroles?

Non! J'en serais incapable.

Cardinal Turcotte, vous êtes identifié à l'Église officielle. Jusqu'où êtes-vous prêt à assumer certaines divergences, à prendre certains risques, par exemple, comme d'autres prélats ont pu le faire avant vous? Quelle est votre capacité de désobéissance?

Difficile à dire. Il faudrait d'abord que je sois convaincu: c'est la première condition.

Mais êtes-vous un prélat, un homme d'abord obéissant à l'Église, à l'institution? Vous avez parlé de fidélité au pape...

Je ne considère pas l'Église comme mon bien personnel; je ne crois pas qu'on m'ait confié ma tâche d'évêque en me disant: «Tiens-toi sur ton île» ou «Va sur ton bateau et navigue tout seul.» Il est très important pour moi d'être en lien avec tous mes frères évêques, avec le pape, avec toutes les Églises de l'univers. Et j'espère poser des gestes qui vont dans cette ligne.

La foi touche à un élément tellement important de la vie des gens: c'est ce qui les anime profondément. Je ne peux donc pas me fier uniquement à mon jugement personnel! J'ai besoin de sentir que je suis en Église. Il me faudrait donc une excellente raison pour m'opposer à ceux qui exercent l'autorité dans l'Église. Je serais incapable de le faire, à moins d'avoir une conviction très profonde sur un point très important.

▨ *Vous êtes donc en parfaite harmonie avec l'orientation que Jean-Paul II a donnée à l'Église?*

Oui. Et je vous annonce même que le prochain pape poursuivra dans la même ligne, parce que c'est celle de Jésus Christ!

▨ *On n'aurait peut-être jamais cru que Jean XXIII allait provoquer autant l'Église...*

À cause de son grand âge, on n'aurait jamais pensé qu'il se lancerait dans un concile. Il a ouvert des portes, bien sûr, mais toujours en fidélité avec la tradition ecclésiale. Voilà les deux sources qui conduisent l'Église: la révélation et la tradition. C'est très important.

LES GRANDS PROBLÈMES MORAUX DE NOTRE ÉPOQUE

▨ *Les certitudes du début du siècle sont moins évidentes que celles de cette fin de siècle. En ce début de troisième millénaire, des grands problèmes moraux divisent le pasteur et une grande partie de son troupeau: sexualité avant le mariage, contraception, avortement, divorce, remariage, sans oublier la place des femmes dans l'Église, leur exclusion du sacerdoce, le mariage des prêtres et j'en passe... Êtes-vous conscient du fossé qui existe?*

Tout à fait. Pour chacun de ces points, il arrive que je sois en désaccord avec certaines présentations qu'on en fait, mais sur le fond, je demeure convaincu du message que j'annonce.

Prenons un exemple: la sexualité. La révélation nous apprend le lien très fort qui existe entre sexualité et amour. Ne pas respecter ce lien profond voulu par Dieu, c'est risquer de faire des erreurs... et d'en souffrir. Aujourd'hui, on a tellement banalisé la sexualité qu'on la met sur le même pied que le simple geste de se brosser les dents! Avec quels résultats? Des gens ne sont plus capables d'aimer véritablement et en arrivent à une sexualité déviante.

J'ai l'impression que le monde de l'an 2000 devra revoir ses positions. Il n'est pas vrai qu'on peut exercer sa sexualité comme si l'amour de l'autre n'avait pas d'importance; un tel affranchissement des tabous ne fonctionne pas! La sexualité a été confiée à l'homme et à la femme pour exprimer et faire grandir la communion de vie qui les caractérise et pour exercer ce rôle très important de donner la vie à des enfants. Ce but ultime accorde à la sexualité un sens et une coloration. Mais cela ne signifie pas qu'on doive l'exercer uniquement pour avoir des enfants. À ma connaissance, l'Église ne demande pas de mettre au monde un nombre d'enfants déterminé. Peut-être qu'au Québec on a eu tendance à l'enseigner ou à le percevoir ainsi, mais on ne met pas au monde douze ou quatorze enfants quand on est capable d'en avoir seulement deux ou trois!

Mais au moment où le message vient d'hommes qui ont refusé ou qui refusent par leur célibat la sexualité active, le message n'est-il pas faussé au départ? Des gens vous diront carrément: «Vous parlez de ce que vous ne connaissez pas.»

Oui. Mais c'est un argument qui ne tient pas, Monsieur Maisonneuve. Vous pouvez dire la même chose de n'importe quoi! Est-ce qu'un médecin peut soigner le cancer s'il n'en a jamais souffert? Pour moi, ce sont de faux arguments. Un grand nombre de consultations et d'études sont faites sur ces sujets... Et une certaine expérience de la vie humaine entre également en ligne de compte.

Vous savez, je n'ai pas d'expérience personnelle de la vie de couple, mais je pense en avoir une meilleure connaissance que bien des couples. Je me suis occupé de préparation au mariage pendant près de dix ans, avec les jeunes universitaires. J'en ai vu et écouté, des couples, j'en ai accompagné, aussi. J'ai pu juger de leur expérience. Je ne crois pas être entièrement ignorant dans ce domaine. Je ne suis pas marqué par une expérience de célibataire au point d'obnubiler mon jugement...

Il est vrai que les orientations majeures semblent être prises par des gens qui ne font pas l'expérience directe de ce dont ils parlent. Mais il faut examiner le fonctionnement de l'Église, considérer les consultations qui sont faites, etc., pour mieux juger. Et il est évident que les chrétiens ne sont pas tous du même avis.

Je reconnais qu'on hérite d'une vieille habitude qui consistait à remettre aux hommes d'Église la responsabilité de régler les comportements. Nous n'en sommes plus là, même si parfois on nous demande ce qu'il faut penser ou faire dans telle ou telle situation difficile.

Comment vous rapprocher d'une famille, d'une jeunesse qui vit une sexualité hors mariage, à qui on recommande fortement des moyens de contraception ou des moyens de protection? Face aux moyens de contraception, on connaît la position de l'Église...

Je pense que la première chose consiste à faire réfléchir les jeunes sur la réalité de la sexualité et de l'amour. Cela ne se fait pas beaucoup. Nous sommes très habiles pour leur enseigner des techniques, pour leur parler de la «tuyauterie»... mais le point d'arrivée et le point de départ, nous n'en parlons malheureusement pas. Très peu de gens parlent aux jeunes, vous savez. Je suis frappé par le drame de ces êtres qui voient se développer en eux des forces dont ils ne connaissent ni les orientations ni l'histoire. Autrefois, nous étions sans doute trop exigeants en les surprotégeant. Mais aujourd'hui, nous sommes certainement trop libéraux. Nous devons leur apprendre pourquoi ces forces leur sont données et comment elles se contrôlent. Il est impossible de vivre sans contrôler ces forces en puissance. C'est vrai pour la sexualité; je pourrais affirmer la même chose de la lutte pour la vie, du plaisir, etc.

Je rencontre souvent des jeunes et je leur parle très ouvertement. La fidélité est un idéal à atteindre et je crois qu'en très grande majorité les jeunes partagent mon opinion. Lors de ces rencontres, il n'arrive jamais qu'on me dise: «Moi, je vais me marier et, si les choses vont mal, je vais divorcer.» Ils ne pensent pas ainsi. C'est la même chose au sujet du condom. J'en ai souvent parlé avec des jeunes. Le condom, c'est un réflexe d'adulte qui se protège. Pensez-vous qu'un jeune qui est en amour avec sa petite amie sera réceptif à une telle mise en garde: «Méfie-toi d'elle, elle pourrait te transmettre des maladies. Elle peut être un agent de mort»? Ne nous demandons pas pourquoi les jeunes n'embarquent pas dans cette dynamique. C'est antipsychologique! Ils sont à l'âge des découvertes. Ils aiment leur petite amie, leur petit copain à la folie; pensez-vous qu'ils vont vivre leur amour avec des obstacles, avec des espèces de barrières négatives? Ils ne peuvent pas adhérer à cela, c'est tout à fait contre leur psychologie.

■ *Mais alors?*

Cela indique que nous utilisons un moyen extrême qui n'est pas une solution. Nous devons enseigner autre chose aux jeunes si nous voulons qu'ils se protègent véritablement. Ce que nous voulons leur apprendre, d'après moi, c'est bien davantage l'importance de ce geste d'amour qu'on ne pose pas avec n'importe qui, n'importe où, n'importe comment.

■ *Mais vous savez que ce n'est pas ce qui se fait. Même des couples qui sont «en règle» avec l'Église par le mariage religieux ne suivent pas nécessairement vos enseignements. Je pense ici à la contraception. Il y a un décalage entre ce que vivent vos fidèles et ce que dit l'Église.*

Là-dessus, tout ce que je peux faire c'est de leur rappeler la position de l'Église: dans le mariage, l'exercice de la sexualité demeure ouvert à la transmission de la vie. Cependant, s'il est très important d'avoir des enfants, il ne s'agit pas simplement de les mettre au monde. Il faut encore disposer des moyens physiques, psychologiques et matériels de mener à terme l'éducation de chacun d'eux. Voilà pourquoi la fécondité d'un couple doit être réglée de manière responsable. Familièrement, on dira aux couples: «Que vous ayez les enfants que vous pensez être capables d'avoir, c'est normal; c'est ce qu'on appelle la paternité et la maternité responsables. Les moyens pour y arriver, il en existe plusieurs. Ceux que nous privilégions sont ceux qui respectent la nature humaine, la nature de l'acte sexuel, le cycle de la femme, etc. Cependant, il existe d'autres moyens de contraception avec lesquels nous ne sommes pas d'accord.»

Cette approche ressemble à celle de l'écologie. C'est ce qui me rassure le plus dans la position de l'Église. Quand on parle de contraception, on se trouve en terrain fragile. J'ai l'impression que si on intervient dans les cycles de façon opposée à ce que la nature a prévu pour l'humanité, on risque de provoquer des conséquences aussi graves qu'imprévisibles. C'est ce que nous avons constaté dans le domaine de l'écologie; à force de dire que nous pouvions sans problème rejeter dans les fleuves toutes sortes de déchets, nous récoltons aujourd'hui les fruits de nos actions! Sur la question de la contraception, il me semble que la position de l'Église doit conduire à une réflexion. Qu'un couple n'arrive pas à réaliser entièrement l'idéal proposé, c'est autre chose... Moi, je transmets l'enseignement de l'Église. C'est à la personne d'évaluer en conscience la valeur de ses actes.

■ Le chemin...

Le chemin est toujours là; moi, j'indique la direction. Si quelqu'un va faire un tour à côté, il doit assumer entièrement les conséquences de ses choix. Le père Rey-Mermet, un théologien moraliste que j'apprécie beaucoup, disait dans l'un de ses livres: «La morale est moins faite pour nous mettre en règle que pour nous mettre en route.»

■ *Mais vous ne pouvez pas nier, par exemple, que l'avortement existe...*

... et que c'est un mal épouvantable. Un mal qui mine non seulement les personnes concernées, mais aussi l'ensemble de notre société. Maintenant, il y a une marge entre le fait d'affirmer le principe et le fait de condamner la personne qui a subi un avortement. Dans l'Évangile, nous voyons très souvent Jésus désavouer le péché, mais jamais il n'a manqué d'accueillir le pécheur. La vérité des choses comporte ici deux aspects: le désastre de l'avortement et la personne qui souffre de ses conséquences. Dans le même mouvement, il me semble qu'on ne peut pas traiter de la question de l'avortement sans en même temps proposer des moyens qui vont aider les femmes à rendre leur grossesse à terme.

■ *Certaines réalités sont loin d'être blanches ou noires... Que répondez-vous, par exemple, aux divorcés abandonnés par un conjoint, membres de votre Église, qui cherchent à refaire leur vie amoureuse? Vous les condamnez à un désert religieux ou à la solitude humaine.*

Je ne crois pas. Il faut d'abord situer chaque cas particulier par rapport aux objectifs d'un projet chrétien de mariage. Je ne connais pas de couple qui soit venu voir un prêtre pour préparer son mariage et qui n'ait pas été d'accord avec les grandes caractéristiques du mariage chrétien. Pour l'Église, le mariage est un engagement de vie qui a de grandes conséquences tant au plan religieux qu'au plan civil. C'est pourquoi chaque demande est examinée soigneusement et on demande aux futurs époux d'exprimer clairement leur accord. Mais il arrive, malheureusement trop souvent, que les bonnes intentions du départ ne se réalisent pas. Des unions que l'on croyait solides sont brisées. En ce cas, il faut faire examiner la validité des consentements qui ont été donnés. C'est ce que je dis toujours aux personnes séparées ou divorcées qui me confient leur peine.

Comme au point de départ on a traité chaque demande individuellement, en cas de rupture, chaque situation doit également être traitée individuellement.

■ *Mais vous savez que le procès pour faire déclarer nul un mariage a toujours été interprété comme une affaire de riches.*

Ce qui est faux. Et je suis bien placé pour le savoir: ces procès coûtent au diocèse quelque 400 000 $ par année! En effet, nous facturons aux gens à peine la moitié du coût réel. Et chaque fois qu'une cause est présentée par des personnes qui sont incapables de payer, on tient le procès quand même. Vous savez, le tribunal traite près de 350 à 400 causes par année, aidant ainsi des gens de conditions sociales très variées.

■ *Un divorcé qui refait sa vie de couple, est-ce que j'interprète bien: il n'est plus membre à part entière de votre Église?*

Encore là, il faut distinguer. Il serait faux de dire que le seul fait de se séparer ou de divorcer provoque l'excommunication de la personne.

■ *Mais il y a des choses que vous lui refusez.*

Je ne sais pas pourquoi les gens ont l'impression que certaines situations les excommunient. Or, le phénomène de l'excommunication est très rare. Ce serait le cas, par exemple, de quelqu'un qui renoncerait publiquement à sa foi. Cela pourrait encourir l'excommunication, au sens où la personne se place d'elle-même en dehors de la communauté des croyants.

Mais il n'est pas vrai de dire qu'une personne séparée ou divorcée, même remariée civilement, soit automatiquement mise à la porte. Cependant, quand des personnes contractent un nouveau mariage alors que leur première union reste valide, nous constatons qu'elles ne sont plus en totale communion avec tout ce qu'enseigne l'Évangile. On peut dire la même chose de quelqu'un qui commettrait un vol, par exemple. Pensez-vous qu'une personne qui vole soit en pleine communion avec l'Église ou l'Évangile? Se sent-elle excommuniée?

■ *Faites-vous un lien entre divorce et vol?*

Non, bien entendu. Mais j'ai l'impression que, dès qu'on entre dans le domaine de la sexualité, on devient d'une dureté épouvantable... alors que, dans d'autres domaines, les gens font preuve d'une souplesse beaucoup plus grande.

■ *Mais quelle interprétation font vos prêtres de l'enseignement de l'Église? Quel message leur transmettez-vous? Nous connaissons tous des divorcés qui sont religieux, respectueux du message de l'Église. Quel comportement peuvent-ils adopter face aux sacrements, face à la communion?*

Je connais, moi aussi, des personnes qui ont gardé la foi et qui sont demeurées très religieuses malgré d'énormes difficultés conjugales, et malgré le fait qu'elles aient pris des dispositions pour trouver un nouvel équilibre. Nous en trouvons fréquemment dans divers champs d'engagement chrétien car, malgré les difficultés, il est toujours possible de demeurer actif dans l'Église. Mais il reste que ces gens qui ont trouvé, grâce à une nouvelle union conjugale, un lieu plus favorable à leur épanouissement et à l'éducation de leurs enfants, posent question à l'ensemble de l'Église. Plusieurs études théologiques et pastorales sont présentement faites à ce sujet. À mon avis, il en faudrait encore davantage. Comment ferons-nous pour faire comprendre à ces gens que, quelle que soit la raison pour laquelle ils ne sont pas en pleine conformité avec l'Évangile, ils ne sont pas pour autant des exclus? Et comment leur faire comprendre qu'ils peuvent, malgré certaines restrictions, participer activement à la vie de l'Église? Ce sont d'autres questions pour lesquelles nous n'avons pas encore toutes les réponses.

Certains le feront de façon individuelle, acceptant cette démarche personnelle. Il y a d'autres personnes, parfois plus fragiles ou plus inquiètes, qui, à un moment donné, sentiront le besoin de consulter. Quel accueil reçoivent-elles?

Concrètement, je pense que ces gens reçoivent auprès des prêtres un accueil bienveillant, d'une «sollicitude attentive», comme on dit. Il y a peut-être quelques exceptions, mais j'ai l'impression que les prêtres acceptent volontiers d'écouter et de soutenir ces personnes en difficulté, comme ils le feraient pour n'importe quel autre problème qu'on pourrait leur soumettre.

■ Mais est-ce qu'il n'y a pas là une forme d'hypocrisie, cardinal Turcotte? L'Église considère par exemple que le mariage est quelque chose de sacré qui dure pour la vie. Et donc normalement, d'après l'enseignement de l'Église, on n'a pas le droit de se remarier si on n'a pas eu de déclaration de nullité d'un premier mariage. De l'autre côté, on dit aux personnes: «Arrangez-vous avec votre conscience.» N'y a-t-il pas là une forme d'hypocrisie?

Vous pouvez le considérer de cette manière. Pour ma part, ce n'est pas ce que je comprends. Prenons un autre exemple. Il est dit dans l'Évangile: «Si on te gifle sur la joue droite, présente encore la joue gauche» (*Matthieu* 5, 39). Cela signifie qu'il ne faut pas se venger du mal qui nous est fait. Personnellement, j'ai de la difficulté à suivre cet enseignement. Quand on me fait un coup, c'est plus fort que moi, je réagis assez rapidement et je dois combattre mon réflexe de «frapper» en retour. Je dois régulièrement m'entraîner à cela. C'est un exemple...

Il est encore écrit dans l'Évangile: «Sois parfait comme ton père céleste est parfait» (*Matthieu* 5, 48). Dieu notre Père a des exigences bien élevées! Je suis bien conscient, tous les matins, de ne pas être tout à fait fidèle à cela; vais-je quitter l'Église pour autant? Vais-je tout abandonner? La même chose est vraie d'une personne qui vit un échec dans son amour; les raisons de cette rupture doivent être analysées, les niveaux de responsabilité évalués. Tout cela appartient finalement à la personne elle-même. Il est facile de porter un jugement général... de se dire, comme on le fait couramment: «Il n'y a rien là!» Mais bien des éléments demeurent enfouis dans le mystère de la personne. Et c'est là que finalement une décision peut être prise.

L'enseignement du Christ demeure clair: les amours humaines, quand elles sont bénies devant Dieu, doivent être des amours fidèles. Voilà l'idéal qu'il nous propose. Si nous ne sommes pas en accord avec cet idéal, quelque chose cloche. S'il y a des gens qui souffrent parce qu'ils n'arrivent pas à adhérer totalement à ce principe que nous tenons du Christ Jésus, je ne vais quand même pas me mettre à les condamner. Je vais plutôt essayer de les aider à mieux comprendre et à assimiler cet enseignement de manière à ce qu'ils puissent retrouver un équilibre de vie qui les rende heureux.

Mais je reprends ma question de tout à l'heure: que dit le cardinal archevêque de Montréal à une personne divorcée, abandonnée par son conjoint? Est-ce que vous la condamnez au désert amoureux?

Je ne pense pas qu'on puisse ici parler de condamnation. Mais il n'y a pas de solutions toutes prêtes pour régler chaque cas particulier. Je n'ai jamais été capable d'agir de cette façon. Lorsque j'œuvrais dans la J.O.C., des jeunes filles de quatorze ou quinze ans me demandaient: «Combien de temps est-ce que je peux embrasser mon *chum* sans faire de péché mortel?» C'étaient le genre de questions auxquelles j'avais souvent à répondre! Alors en riant, je leur disais: «Te vois-tu en train d'embrasser ton *chum* avec un chronomètre? Tu vas l'embrasser dans un œil! Ça n'a pas de bon sens!» On voit bien que ce n'est pas la bonne façon de poser la question.

Je vous répondrai dans la même perspective. Vous me demandez: qu'est-ce que les gens doivent faire? Je ne peux que rappeler le principe, présenter l'idéal que le Christ nous propose. Je ne peux nier ni diluer cet enseignement. Mais dans chaque cas particulier, je peux prendre le temps d'examiner la situation avec les personnes concernées, les informer et, surtout, les aider à prendre une décision qui soit la plus conforme possible avec la voix de leur conscience.

Puisque nous sommes au cœur des dossiers litigieux, poursuivons. Que dire du mariage des prêtres? Je vous ai déjà entendu en parler et je résume votre pensée à ce sujet: rien dans le message évangélique n'interdit le mariage des prêtres.

Tout à fait. La preuve, c'est qu'il y a eu des prêtres mariés pendant des siècles; on pense que les apôtres, au moins certains d'entre eux, l'étaient probablement. C'est une question de compréhension, fruit d'un jugement prudentiel, c'est-à-dire un jugement donné par rapport à un temps donné. Il ne faudrait pas se surprendre qu'on puisse y faire certaines modifications.

Alors pourquoi, compte tenu de la crise des vocations, compte tenu d'une Église vieillissante où vos prêtres sont de plus en plus âgés, où de nombreux hommes qui avaient choisi la prêtrise ont senti l'appel de l'amour humain et ont quitté, pourquoi ne pas ouvrir la dimension du mariage des prêtres?

On peut se poser la question, Monsieur Maisonneuve. Cependant, j'accepte volontiers le jugement prudentiel des responsables de l'Église. Ceux-ci n'ont pas jugé opportun d'ouvrir cette perspective à ce moment-ci de l'histoire. En Église, nous tenons beaucoup à la valeur du célibat des prêtres.

Maintenant, il est possible de penser que dans un certain avenir l'Église pourrait inviter des hommes déjà mariés à accéder au sacerdoce. La question est ouverte depuis un bon moment, mais nous attendons toujours des réponses.

■ *Des réponses en vous ou des réponses de Rome?*

Des réponses de Rome, puisque cette question concerne l'ensemble de l'Église catholique romaine. Avec les évêques, nous en avons souvent discuté lors de nos visites à Rome. Notre réflexion s'appuie entre autres choses sur le fait que dans les Églises catholiques orientales un prêtre peut être soit célibataire, soit marié.

■ *N'est-ce pas vrai également pour les protestants qui se convertissent? Un pasteur protestant qui se convertit au catholicisme...*

... n'a pas à se séparer de sa femme. C'est vrai pour les ministres anglicans. Nous n'avons pas rencontré de tels cas à Montréal, mais je sais qu'ailleurs, plusieurs de ces pasteurs qui ont rejoint la communion catholique ont pu faire valider leur ordination et ont reçu un mandat de leur évêque pour exercer le ministère sacerdotal en milieu hospitalier ou ailleurs, tout en demeurant mariés. De tels cas ne poseraient sans doute pas grand problème dans les diocèses du Québec ou du Canada. Les difficultés pourraient venir, me dit-on, d'autres milieux moins réceptifs.

■ J'ai lu un texte, je ne sais pas si c'est de vous ou de quelqu'un d'autre, où il était question des Inuits pour qui le fait qu'un homme ne soit pas marié est très mal vu. Il n'y a donc pas d'Inuits qui se dirigent vers la prêtrise. Est-il vrai qu'on pourrait envisager des hommes mariés Inuit assumant le sacerdoce?

Pourquoi pas? C'est un cas que nous avons demandé aux évêques du Nord de documenter et de présenter pour étude à certaines Congrégations romaines.

Mais cette question demeure actuellement une question conditionnelle. Comme je vous le disais, l'analyse du pape et de ses collaborateurs conclut que le temps n'est pas encore venu. Ce qui pourrait être accepté dans certaines Églises locales ne le serait pas dans d'autres. Ce serait un facteur de division et, dans ces conditions, je comprends et j'accepte la grande prudence de l'Église.

■ Ce n'est donc pas une règle de foi.

Pas du tout. C'est purement disciplinaire. Pour moi, il est permis de penser autrement. Je vous avoue que je suis respectueux des opinions des autres; plus je travaille au plan international, plus je constate que notre façon de voir les choses, notre façon de les vivre, est *une* façon, mais qu'il y en a d'autres.

■ Vous semblez avoir une certaine ouverture d'esprit face au mariage des prêtres. Qu'en est-il du sacerdoce des femmes?

Je vous avoue que je n'en vois pas la possibilité. Je vais vous expliquer pourquoi. Je sais que les arguments que j'apporte ne satisfont pas pleinement les gens. Il ne s'agit pas du tout d'affirmer que la femme n'est pas assez intelligente, qu'elle n'aurait pas les capacités pour être prêtre; cela n'a rien à voir avec ce type de raisonnement. Mais l'Église est là pour reproduire ce que Jésus Christ a fait. Elle est là pour poursuivre son action et ce que les Églises, dans la Tradition, ont compris. Or, il faut bien constater que Jésus Christ n'a pas choisi de femmes parmi ses apôtres. Et dire que «dans son temps, ça ne se faisait pas» ne me convient pas comme argument. En effet, Jésus vivait dans une civilisation romaine où certains postes sacerdotaux étaient occupés par des femmes!

■ *Chez les Romains.*

Chez les Romains.

■ *Mais pas chez les Juifs.*

Jésus a brisé quelques tabous des Juifs; il aurait pu aussi briser celui-là.

■ *Il n'a pas brisé le tabou de la caste religieuse masculine, par exemple. Mais a-t-il brisé le tabou de l'enseignement fondamental de la religion juive?*

En un sens, oui.

■ *Dans quel sens?*

Simplement sur l'observance de certaines lois de la tradition juive. Toutes les querelles rapportées par les évangélistes en sont témoins. D'ailleurs, les apôtres ont mis du temps à comprendre. Il y a eu les querelles entre saint Pierre et saint Paul, toute la question entourant les préceptes concernant la nourriture, puis les préceptes concernant la circoncision, etc. Les premiers chrétiens ont assez rapidement abandonné ces pratiques.

Ce que je voulais dire, c'est que Jésus était d'une tradition où la femme n'assumait pas le sacerdoce.

C'est vrai. Par ailleurs, vous savez le rôle qu'il a donné à sa mère, qu'on retrouve au début de sa vie publique, aux noces de Cana, à la Pentecôte avec les disciples. Les évangiles nous rapportent peu de choses sur son rôle. Mais compte tenu de l'importance que Jésus a donnée à sa mère, pourquoi n'en a-t-il pas fait un apôtre?

Dans un de vos écrits, quand vous parlez du sacerdoce, vous en parlez comme d'un privilège que Dieu vous confie, en quelque sorte. Ainsi, aux femmes qui sont présentes dans les paroisses, qui assument des responsabilités de curé, vous n'ouvrez pas ce privilège sacerdotal.

Non, mais je leur ouvre le privilège de la participation et du don total d'elles-mêmes, comme nous le faisons comme prêtres.

Je sens chez vous comme une opposition viscérale au sacerdoce des femmes. Est-ce que je me trompe?

Viscérale... c'est peut-être un peu fort. Je dirais plutôt «théologique». Pour moi, la théologie, c'est la discipline qui oriente nos façons de faire, les gestes que nous posons comme gestes du Christ et de l'Église. On peut bien discuter à l'infini de ce que Jésus aurait fait, de ce qu'il n'a pas fait. Il faut cependant bien reconnaître qu'on ne retrouve le sacerdoce des femmes ni du temps du Christ, ni dans aucune tradition chrétienne pendant des siècles. C'est un problème qui est né seulement après la guerre.

▨ *Mais il y a actuellement des Églises chrétiennes qui ordonnent des femmes.*

Oui. Mais il s'agit d'un virage très récent dans l'histoire de l'Église. Comme je le disais plus tôt, ce qui est important, c'est où je vais et d'où je viens. Voici un virage qui survient après plus de 1 900 ans. Avant cela, jamais on ne l'avait fait dans aucune Église.

L'ŒCUMÉNISME ET SES FRUITS

▨ *Nous n'avons pas encore abordé la question de l'œcuménisme. Depuis que Jean-Paul II est pape, j'ai l'impression, à tort ou à raison, que le rapprochement avec les autres Églises chrétiennes a été ralenti; si c'est le cas, pourquoi?*

Je nuancerais. Sur certains sujets, la question de l'ordination des femmes, par exemple, des distances énormes ont été créées. Pas seulement entre l'Église catholique et l'Église anglicane, mais surtout avec l'Église orthodoxe. On peut dire que des positions comme celles-là ont distendu des liens qui avaient été établis au niveau œcuménique entre toutes les Églises. À ce niveau, il y a effectivement eu certains reculs.

D'un autre point de vue, je ferais remarquer que le pape a ouvert le dialogue avec les religions non chrétiennes; je pense aux rencontres qu'il organise depuis 1986 à Assise. Il y a rencontré le grand chef des musulmans et, un homme que j'aime beaucoup, le Dalaï lama, chef spirituel des Tibétains. Là-dessus, je pense que le pape a fait avancer les choses.

Jean-Paul II a posé aussi un petit geste que malheureusement les médias n'ont pas ébruité, geste qui m'a réjoui énormément. Quand les murs sont tombés en Europe de l'Est, le pape a dit: «Il ne faut pas que les Églises chrétiennes aillent se faire concurrence dans la mission d'évangélisation de ces pays. Respectons les domaines de chacun.» C'est vraiment nouveau au point de vue œcuménique.

🔲 *Ça voulait dire: «Laissons la place...»*

«À cet endroit, nous savons que les orthodoxes sont bien présents; laissons-les donc agir.» L'important, c'est que le Christ soit annoncé, que l'Évangile soit proclamé. Bien sûr, nous sommes attachés à notre tradition... mais le plus important demeure le message! Ce qui compte, c'est de ne pas nous concurrencer et de travailler en profondeur chacun chez soi.

🔲 *Vous êtes à la tête d'un diocèse de plus en plus cosmopolite, avec des gens qui viennent de tous les horizons, de toutes les religions; comment se vit l'œcuménisme dans votre propre diocèse?*

Vous savez que Montréal a toujours été un diocèse un peu en avance au Canada sur cette question. Le premier centre d'œcuménisme est né à Montréal, créé par le cardinal Léger, avec un jésuite, le père Irénée Beaubien, qui était remarquable sur ce sujet, et le père Stéphane Valiquette par la suite. Actuellement, nous avons ici un centre d'œcuménisme national très vivant, financé en partie par le diocèse.

Pour les Églises chrétiennes. Mais un peu à la lumière de ce que fait Jean-Paul II, le centre s'ouvre de plus en plus aux traditions musulmanes, juives, etc. À Montréal, le dialogue catholique-juif, chrétien-juif est très important.

Nous avons une excellente relation œcuménique sur le terrain, en particulier pour tout ce qui concerne les œuvres sociales. On sait par exemple que, dans le domaine de la lutte contre la pauvreté, pour le soutien des autochtones et des minorités, des réfugiés, etc., les Églises travaillent ensemble. Nous avons signé avec le gouvernement du Québec une entente sur la question des réfugiés; des représentants de l'Église anglicane, de l'Église catholique et des Juifs étaient présents. Nous avons une habitude de collaboration sur le terrain.

J'ai moi aussi pris quelques initiatives qui demeurent. L'année où je suis arrivé comme archevêque, en 1990, à la semaine de l'unité, j'ai invité tous les chefs des Églises chrétiennes à dîner, ici à l'évêché. Depuis ce temps-là, quatre ou cinq fois par année, nous nous rencontrons, les chefs des Églises, chez les uns et les autres. Non pas pour discuter théologie, mais pour parler simplement, entre amis, de nos joies, de nos difficultés, nos problèmes d'églises par exemple. *Pierres vivantes*, qui se met peu à peu en marche, n'est pas étrangère à ces rencontres...

▨ *Pierres vivantes: pouvez-vous m'apporter une précision?*

Pierres vivantes est un organisme qui travaille avec le gouvernement pour la sauvegarde des églises patrimoniales, sur une base œcuménique. Toutes les Églises chrétiennes et les Juifs y sont représentés. Je pense avoir eu mon modeste rôle à jouer dans l'aspect interconfessionnel du projet... L'initiative vient du gouvernement fédéral, par l'intermédiaire du ministre de l'époque, Benoît Bouchard. Je lui avais dit: «Nous avons des besoins. Je collaborerai à ce projet à la condition qu'il soit interreligieux. Vous ne devez pas protéger uniquement les églises catholiques, même si nous sommes les plus nombreux.» Depuis, nous avons travaillé ensemble et l'organisme est aujourd'hui bien organisé.

Une autre expérience, modeste mais très significative: il y avait autrefois, sur la montagne, un couvent de bénédictins anglais; les religieux ont quitté parce que leur responsable est décédé relativement jeune et qu'ils n'ont pas pu le remplacer. Nous avons transformé la maison en un centre de spiritualité interconfessionnel: la maison *Unitas*. C'est le fruit de mes dîners avec les chefs des Églises. Le projet a mis quelques années avant de voir le jour, mais aujourd'hui il fonctionne.

■ *Quels sont vos rapports avec les nombreuses sectes qui pullulent et qui attirent souvent d'anciens fidèles de l'Église catholique?*

Je me méfie du mot «secte» qui est très péjoratif. Je préfère parler des nouveaux groupes religieux. Nos rapports sont beaucoup plus difficiles, parce que ces groupes ne sont pas très ouverts au travail œcuménique. Une de leurs caractéristiques, c'est justement une sorte de repli sur soi, une volonté de ne pas se mêler aux autres.

Nous soutenons financièrement un centre de recherches sur les nouvelles religions (le C.I.N.R.). Son approche n'est pas agressive, mais vise plutôt à transmettre de l'information. Le centre amasse de la documentation sur tous les nouveaux groupes et donne l'heure juste aux gens qui s'informent. Ses services sont très appréciés. Ce n'est pas toujours facile, car plusieurs groupes travaillent dans une certaine clandestinité. Et il y en a tellement! Au Québec seulement, on en dénombre environ sept cents.

▓ *Une dernière question à ce sujet. Les sectes répondent à des attentes et donnent souvent les réponses simples que les gens veulent entendre et que l'Église, dans son fonctionnement actuel, n'apporte pas nécessairement. Est-ce qu'il peut y avoir, au sein de l'Église catholique, différentes façons d'exprimer le message pour rejoindre des gens qui veulent un autre type de message? Vous avez parlé de groupes plus conservateurs, affirmant que leur présence ne vous dérangeait pas. Autrement dit, vous n'avez rien contre le fait qu'il y ait dans votre propre Église des groupes différents?*

Les sectes, en général, attirent des gens fervents qui n'ont pas trouvé, dans la structure de l'Église, la chaleur humaine qu'ils recherchaient, l'attention dont ils avaient besoin. Il est bien évident que l'organisation actuelle de l'Église catholique, avec ses grosses paroisses, ne permet pas à monsieur et madame Tout-le-monde de se sentir à l'aise, connu et reconnu. C'est pourquoi je rêve qu'il y ait, dans tous les milieux, des petits groupes, des petites communautés. Ce phénomène commence heureusement à se répandre. Je crois que l'Église de Montréal, et toute l'Église du Québec, a décidé de prendre ce virage vers des communautés à taille humaine.

Les gens qui se joignent à un nouveau groupe, surtout à ceux qui sont sectaires, y restent très peu longtemps — la plupart du temps moins d'un an. C'est pourquoi je ne les considère pas comme un grand danger pour l'Église. Cependant, les personnes qui se font prendre portent souvent des conséquences psychologiques et financières très graves. Sur cet aspect, certains groupes représentent un danger réel.

Je pense que la meilleure façon de répondre au problème est d'abord de ne pas paniquer, de transmettre l'information pour que les gens soient vigilants. Je l'ai déjà dit, tous les groupes religieux ne sont pas sectaires; 2 ou 3 % d'entre eux le sont. La meilleure façon de contrer leur action est donc de donner de l'information.

Nous avons aussi la responsabilité de répondre aux besoins de nos chrétiens qui recherchent une communauté où ils sont connus et reconnus. Actuellement, c'est le mieux que nous puissions faire. Il est vrai que les nouveaux groupes religieux recrutent certains des nôtres, mais ils recrutent beaucoup plus des gens qui vivent dans l'indifférence depuis des années!

LA NOUVELLE ÉVANGÉLISATION

Vous avez dit, au sujet de votre Église: «... moins puissante, plus libre qu'autrefois, plus ouverte sur les autres, plus attentive à la voix de ceux et de celles au milieu desquels elle vit, l'Église devient plus évangélique: c'est ma conviction.» Compte tenu de tout ce que nous venons de dire, en quoi votre Église est-elle plus ouverte, plus libre, plus attentive, plus évangélique?

Vous me demandez de porter un jugement sur ce que je vis en Église. Il y a des points que je trouve intéressants, d'autres que je trouve moins intéressants.

Je vois quand même naître des germes d'espérance, par exemple dans des communautés, petites mais très ferventes, qui reviennent à l'Évangile, qui vivent des soirées de partage. Je pense aussi au Relais Mont-Royal*, où des jeunes cherchent comment vivre et exprimer l'amour de Jésus Christ. Je les admire énormément. Des groupes de divorcés remariés, une pastorale familiale... des gens très fervents qui cherchent des voies nouvelles pour vivre leur foi. Il y a aussi des groupes de jeunes très engagés, des petites pousses d'un nouveau type d'Église. Dans le cadre du synode, près de 4 000 personnes se réunissent régulièrement dans des groupes, plusieurs fois par semaine. Certains ont repris le goût d'échanger sur leur foi dans l'atmosphère intime de leur foyer: c'est rempli de vie et d'espérance!

■ *Mais y a-t-il des risques d'une certaine forme d'intégrisme dans cette nouvelle Église dont vous parlez?*

D'intégrisme, non. Le danger, mais je suis prêt à en prendre le risque, c'est de nous retrouver avec une Église multiforme, qui n'est pas monolithique. C'est là un des traits du monde moderne. Nous ne pouvons plus satisfaire les gens d'une seule façon; nous devons accepter la diversité. C'est le cas en ce qui a trait aux questions ethniques, mais également au point de vue religieux. Ça ne me dérange pas que des gens préfèrent poursuivre leur cheminement de foi à l'intérieur d'un mouvement plus traditionnel, pendant que d'autres préféreront vivre leur foi en la traduisant quotidienne-

---

* Centre spirituel chrétien pour les 18-35 ans.

ment auprès des assistés sociaux. Nous avons besoin de toutes ces manières d'être chrétien.

■ *Mais qu'est-ce qui va l'emporter comme courant principal?*

L'amour de Jésus Christ, voilà ce qui nous réunit. L'important, pour moi, n'est pas que nous ayons une pensée unique ou uniforme. Ce qui me frappe, dans les groupes chrétiens, c'est qu'au-delà de tout ce qui fait les différences humaines, au-delà des peuples, au-delà des riches, des pauvres, au-delà des instruits, des non-instruits, ce qui nous réunit, c'est notre adhésion à Jésus Christ: c'est notre fondement et c'est ça, l'important.

■ *Est-ce là ce qui fait la différence entre l'Église d'aujourd'hui et celle d'il y a cinquante ans?*

Oui. Parce qu'il y a cinquante ans, on ne pensait pas assez à Jésus Christ. Être chrétien pouvait être défini par une série de comportements: aller à la messe le dimanche, faire ses Pâques, verser sa dîme, etc. Et le sens profond de ces gestes a été perdu: quand le geste devient un comportement, on ne sait plus pourquoi on le fait; on le fait... parce que tout le monde le fait!

■ *Mais tant de gens ne se reconnaissent plus dans l'Église, ou du moins s'en sont éloignés. Votre mission en est-elle une de parole ou d'écoute? En d'autres mots, vous pouvez très bien partir de votre message d'en haut et dire: «Voici ce que vous devriez faire.» Vous pouvez également être à l'écoute, transformer l'Église de cette façon-là, et peut-être même transformer le message d'en haut.*

Je pense que notre mission est double. C'est d'abord écouter les gens pour savoir exactement où ils en sont; et c'est aussi témoigner. Je n'ai pas de doctrine à enseigner, pas de philosophie à apprendre. J'ai quelque chose qui anime ma vie, qui me rend heureux. Voilà ce que j'ai à transmettre. Quand je parle de mon adhésion à Jésus Christ, de l'Évangile, je ne parle pas d'une doctrine philosophique. Mon message peut s'allier à presque n'importe quelle doctrine philosophique, à n'importe quel régime politique. Il est possible, par exemple, de vivre la foi à Jésus Christ dans un milieu communiste. J'ai des amis cardinaux dans des régimes de l'Est qui en ont témoigné. Ce n'est pas aussi facile qu'ailleurs, mais c'est possible.

Au fond, voilà notre rôle: témoigner de ce qui fait notre vie; ne pas l'imposer mais le proposer.

J'aurais presque le goût de vous demander: l'Église du troisième millénaire, est-ce que vous pourriez accepter plus facilement qu'elle soit une Église plus petite, moins remplie de fidèles mais très liée à la nature de son message?

Tout à fait. Je serais très à l'aise avec ce type d'Église et je pense que c'est vers cela qu'on se dirige; non seulement on s'y dirige, mais on est déjà là! Je ne cesse de répéter aux gens: «Enlevez-vous de la tête que nous sommes une majorité: nous sommes une minorité, minorité de gens qui vont à la messe, qui croient profondément à l'Évangile.» Le fait de faire partie d'une minorité ici, au Québec, ne m'empêche pas de vivre et je ne désire pas recréer la supposée unanimité des années trente. En tous cas, ça ne fait pas partie de mes objectifs. Si cela se produit: tant mieux; si non: je n'en suis pas plus malheureux.

■ *L'Église du troisième millénaire, pour vous, peut donc être une Église minoritaire?*

Je ne sais pas ce qu'elle sera. Mais peu importe ce qu'elle sera, je souhaite qu'elle soit composée d'hommes et de femmes qui croient vraiment et qui veulent témoigner de Jésus Christ. Qu'ils soient minoritaires, ça ne m'inquiète pas. Le danger qui les guettera, si ce sont vraiment des gens convaincus qui témoignent, c'est de redevenir majoritaires... et ils feront face alors aux mêmes problèmes que nous. Aujourd'hui, le témoignage, c'est très important. Et ça attire!

4

Une mission évangélique

PRIORITÉ: LA PAUVRETÉ

▓ Cardinal Turcotte, un des trois livres importants pour vous, *Au cœur des masses*, présente l'histoire de la vie religieuse des petits frères du père de Foucauld, les petits frères des pauvres, dont la mission doit se faire au cœur de la masse, auprès des gens. «Ni grande terre, ni grande habitation, ni grande dépense ni même large aumône, mais entière pauvreté en tout. Et la mission des petits frères, c'est de vivre la vie du pauvre, de rester entièrement dans le monde à l'image de Jésus.» L'Église de Montréal est-elle à cette image quand elle prend le parti des pauvres?

Plus ou moins. Il n'est pas simple de prendre le parti des pauvres. Il ne s'agit pas en effet d'épouser aveuglément toutes les réquisitions faites par des groupes de pression supposés représenter les pauvres.

Pour moi, prendre le parti des pauvres, c'est être ouvert à toute misère: à la pauvreté d'abord matérielle, c'est la plus frappante, souvent la pire. Mais ouvert également à toutes les pauvretés spirituelles, à toutes les solitudes; je pense par exemple aux personnes âgées, aux malades. La situation actuelle dans les hôpitaux me préoccupe beaucoup; avec les virages pris récemment, quel sort réserve-t-on à ces nombreuses personnes qui n'ont pas de famille pour prendre soin d'eux, qui se retrouvent sans soutien humain? Quel sort réserve-t-on à ces personnes âgées aux ressources limitées, qui doivent choisir entre manger et acheter leurs médicaments?

L'Église en elle-même n'est pas une organisation qui pourrait subvenir à tous ces besoins. Elle peut cependant jouer un très grand rôle de sensibilisation. Je pense en effet que les gens d'Église ont encore une crédibilité. Bien présenté, leur message passe encore. La population sait que l'Église de Montréal, comme celle du Québec, se place du côté des pauvres, tout en n'ayant pas elle-même toutes les solutions ni, surtout, les moyens de les mettre en œuvre.

Je reviens à l'action des petits frères des pauvres. Cette démarche a conduit des prêtres et des religieux vers les plus pauvres; ils ont choisi d'épouser leur cause, de s'identifier à eux à un point tel qu'on a même développé une théologie de la libération. Cette théologie a été critiquée; ses défenseurs ont même été rappelés à l'ordre, depuis l'avènement de Jean-Paul II. Où est donc la place de ceux qui luttent pour les plus pauvres dans l'Église?

J'apporterais une nuance. Lorsqu'on a réprimandé certains tenants de la théologie de la libération, on ne leur a pas reproché leur option pour les pauvres, mais plutôt l'option de la violence comme moyen légitime d'arriver à leurs fins. Parce qu'au nom de la théologie de la libération, certains ont prôné une violence incompatible avec l'Évangile.

Nous vivons dans un monde excessivement difficile non seulement à cause de la pauvreté elle-même, mais aussi en raison du «désintéressement» de plusieurs États face aux pauvres. Ceux-ci renvoient à d'autres leurs responsabilités... surtout au secteur privé. Les gouvernements n'ont plus les moyens de tout prendre en main comme autrefois. Nous vivions peut-être jadis une dépendance exagérée vis-à-vis de l'État providence, mais nous semblons aujourd'hui tomber dans l'excès inverse.

L'important à mon avis est d'affirmer que l'Église prend la parole pour les sans-voix: c'est ce que nous tentons de faire. Par ailleurs, à ce sujet, je ne m'attends pas à ce que l'Église ait une parole unique, toujours pensée «d'en haut», toujours déterminée «d'en haut». En tant qu'évêque, je ne suis pas l'Église. Je suis un membre de l'Église, avec une fonction particulière; mais l'Église, c'est le peuple de Dieu. Sans les chrétiens et les chrétiennes de Montréal présents auprès des pauvres, sans ces religieuses qui vivent dans la pauvreté avec le charisme particulier qui est le leur, dans une pauvreté totale... je serais le premier à quitter cette Église. Mon Église, elle est là, sur le terrain, avec les pauvres.

Face aux pauvres, quelle est la forme de votre mission évangélique?

Nous sommes appelés, chacun selon nos charismes propres, à faire ce qui nous est possible pour lutter contre la pauvreté. Mais la première des choses, c'est d'abord «être avec». À tous ceux qui me demandent de parler de la pauvreté, je dis: «Si vous voulez avoir une idée de la pauvreté, il faut que vous connaissiez des pauvres. Ainsi, la pauvreté aura pour vous un visage, un nom, une adresse, un numéro de téléphone.» Mon opinion sur la pauvreté se transforme à partir du moment où je connais quelqu'un qui est dans la misère et que j'essaie de l'aider. Voilà donc la première chose à faire: vraiment «être avec» les pauvres. Souvent, hélas! on habite des banlieues chics avec piscine et tout le confort nécessaire; on vient faire un tour à Montréal en passant par les grands boulevards et on ne voit jamais la pauvreté, on ne rencontre pas de pauvres...

■ *Avant que vous poursuiviez, j'aimerais vous poser cette question: comment peut-on voir la pauvreté quand on vit à l'archevêché de Montréal, à l'abri dans un univers qui est loin d'être un univers de pauvreté... et qui est peut-être plus avantageux que la banlieue?*

En fait, je ne suis pas souvent ici; je viens ici pour dormir. Je suis habituellement ici entre onze heures du soir et six heures du matin... ce n'est pas à ce moment-là qu'on peut aller voir les pauvres! Je suis souvent sur le terrain.

Je fréquente encore certains amis, des gens que j'aide personnellement. J'ai également des aides, des collaboratrices, des collaborateurs qui me font constamment des rapports sur la pauvreté, qui me tiennent au courant. C'est pour moi une façon d'être présent. Mais je vous avoue que c'est un des aspects pénibles de

*Le repas des Fêtes
à l'Accueil Bonneau,
1991.*

ma fonction: ne pas pouvoir, comme dans le passé, avoir tous les contacts que je souhaiterais avoir.

Cette action d'évangélisation, à votre avis, elle se fait donc sur le terrain.

Tout à fait. Elle est bien présente et encouragée le plus possible par notre institution. Comment est-ce que j'essaie, moi, d'aider les pauvres? Je soutiens une campagne d'un million et demi de dollars par année pour maintenir des services religieux dans des milieux qui n'auraient pas les moyens de s'en donner. Soixante paroisses de Montréal sont situées dans des quartiers où, si nous suivions la logique de la finance, nous fermerions les paroisses parce qu'elles ne sont pas capables de se faire vivre; mais nous les maintenons tout de même, depuis fort longtemps. Malgré les crises, malgré le déficit zéro, personne dans l'Église de Montréal n'a été mis à la porte.

On les a mis à la retraite, retraite dorée, diront certains...

Quand je regarde le personnel qui est le nôtre et que je le compare à celui des années soixante-cinq, au moment de mon ordination, le nombre est à peu près le même, mais la composition en est très différente. En 1960, ils étaient tous prêtres; aujourd'hui, il y a plus de six cents ou sept cents laïcs qui travaillent pour l'Église de Montréal. Notre diocèse est donc un très gros employeur!

Quand vous remettez en question des choix du gouvernement — vous avez parlé du déficit zéro, par exemple—, des choix qui peuvent avoir comme consé-

quence d'appauvrir les plus pauvres, vous vous faites renvoyer du revers de la main et répondre: «Vous parlez de ce que vous ne connaissez pas.»

Cela se produit parfois, en effet. Par ailleurs, mon rôle consiste à constamment rappeler à tous nos citoyens le message de l'Évangile: nous devons avoir une préférence pour les pauvres. Vous me verrez rarement critiquer telle ou telle mesure particulière prise par le gouvernement. Mais je questionne: «Avez-vous fait les bons choix?» Je leur rappelle toujours que, dans leurs choix, ils doivent avoir une pensée privilégiée pour ceux et celles qui sont sans défense et sans voix. C'est tout ce que j'essaie de faire. Je n'ai pas la prétention de croire que l'Église a la compétence de solutionner tous les problèmes, mais elle a le devoir de questionner les choix.

Mais face au désengagement de l'État, devant l'ampleur des problèmes sociaux, de la pauvreté, est-ce que vous pourriez être tentés de combler les vides et de revenir à l'Église d'autrefois qui assumait un rôle considérable, autrement dit, être un espoir pour les gens qui vivent trop de désespoir... et qu'ainsi les plus démunis vous reviennent?

Comme je suis un homme réaliste, si j'avais cette tentation, je verrais assez vite que je n'ai pas les moyens de combler les vides laissés par l'État. Ce n'est tout simplement pas possible. Nous essayons d'en combler un certain nombre, mais cela ne représente qu'une infime partie des besoins, car nous portons déjà un poids énorme. Je ne veux pas entrer dans une autre problématique, mais vous savez que nous portons une partie du patrimoine au Québec, je veux parler ici des églises. Nous faisons de notre mieux, avec le poids du patrimoine, celui de notre organisation ecclésiale de base, la responsabilité de maintenir des services dans des milieux pauvres, les salaires, les factures de chauffage... Je considère mon rôle à la tête de l'Église de Montréal comme étant de dire aux plus nantis: «Venez apporter des sous pour que je puisse en donner à ceux qui en ont moins.» Une Église sans partage ne serait pas une vraie Église!

Une toute petite parenthèse... Vous venez de mentionner le patrimoine. Se pourrait-il qu'un jour d'autres que l'Église assument l'entière responsabilité de ce patrimoine? Je pense par exemple aux églises qui deviennent de plus en plus coûteuses et difficiles à entretenir. Est-ce que ça pourrait arriver plus vite qu'on le pense?

L'entière responsabilité... l'expression est peut-être un peu forte. Mais il serait souhaitable que d'autres fassent leur part. C'est ce que je réclame depuis des années. Je trouve cette situation aberrante! Je ne connais pas d'autre pays au monde qui laisse aux mains des institutions privées la plus grande partie de son patrimoine. C'est ce que nous faisons au Québec... et ça semble tout à fait normal! Notre problème, c'est que nos pères n'ont pas construit des châteaux, mais des églises. Bien sûr, les églises servent davantage à des fins religieuses, mais il est temps que l'État se penche sur ce problème. D'ailleurs, depuis quelques années, il y a une ouverture et une compréhension de la part des gouvernements et de la population de ce côté-là. Est-ce que l'État doit tout porter, c'est une autre question qui doit se négocier.

Diriez-vous que le capitalisme est en train de réussir là où l'Église a échoué: la mondialisation?

Cela pose d'énormes questions... Pour ma part, je remets en question certains dogmes capitalistes absolument indiscutables. La recherche du profit sans limite, par exemple. Je pense qu'il est normal de faire des profits. Mais doivent-ils être aussi énormes? Faut-il qu'au nom de la mondialisation on diminue autant le nombre d'emplois? Doit-on, pour réduire les dépenses, déménager les usines afin d'employer des ouvriers à meilleur coût dans un autre pays? Voilà des pratiques courantes, qui ne règnent pas comme des dogmes, mais presque, et que je questionne sérieusement.

De la même façon, je questionne les droits syndicaux absolument coulés dans le béton, certains droits acquis, certains privilèges que des groupes ont obtenus et qu'on ne peut remettre en question. Je pense qu'il faut aller jusque-là pour tenter de dépasser les intérêts corporatistes, soit du côté patronal, soit du côté syndical, dans le but de concevoir une nouvelle organisation de la société. Je suis très inquiet de constater, dans notre société, le fossé qui se creuse entre les riches et les pauvres, fossé qui, à mon avis, s'élargit constamment.

Le fossé entre les riches et les pauvres... Je reviens encore au livre du père Voyaume. Il y est écrit: «L'Église hiérarchique est elle aussi une classe sociale, une classe supérieure.» L'Église de Montréal, à quel niveau se situe-t-elle? Y a-t-il une cohérence entre vos paroles et vos actions?

Je vous ferai d'abord remarquer que le livre du père Voyaume date d'avant le concile...

■ *Oui, autour de 1957.*

Le père Voyaume critiquait une situation qui, je pense, a beaucoup changé; peut-être pas dans tous les pays, mais ici, c'est le cas. J'ai de la difficulté à croire que l'Église d'aujourd'hui «couche avec le pouvoir», comme l'ont supposément fait certains de nos prédécesseurs. Ceci étant dit, il est évident que l'Église, dans son organisation, demeure une grande institution, mais cela ne me scandalise pas. Le fait que nous soyons une grande institution ne signifie pas que nous ne pouvons pas être efficaces et actifs face à la pauvreté. Si nous étions tout petits, débutants, et si nous n'avions rien, notre discours ne porterait même pas, nous ne pourrions pas être entendus, nous serions sans moyens. Nous vivons dans un monde dans lequel nous devons nous incarner. Pour avoir une certaine influence, aujourd'hui, il faut pouvoir passer à la télévision, il faut disposer de certains moyens. Prenez simplement nos campagnes de publicité. Bien sûr, cela suppose des dépenses. Des gens me l'ont reproché. «Vous auriez pu donner ça aux pauvres!» Peut-être. Mais je pense aussi qu'il est important d'utiliser les moyens qui sont à notre disposition pour prendre la parole, pour apporter à la conscience des gens les problèmes qui nous préoccupent.

Priorité: les jeunes

■ *Ça me ramène à une autre de vos priorités, la jeunesse. Les jeunes ne sont plus dans vos églises, ils ne s'identifient plus à vos discours, à votre doctrine... vous-même, vous craignez que les jeunes ne soient coupés de leurs racines. Que dites-vous aux jeunes?*

122

Je pense que les jeunes sont parmi les plus grands pauvres de notre société. D'abord parce qu'on les a coupés de leurs racines. Les jeunes ne savent pas d'où ils viennent; ils ne connaissent pas leur histoire, souvent à cause des conditions familiales actuelles. Plusieurs n'ont pas véritablement connu leurs parents; ils se sont promenés avec un père, deux mères, six grands-mères et grands-pères... Ils ont été coupés de leurs sources: c'est le premier des gros problèmes.

Deuxièmement, les jeunes n'ont pas connu ce que j'appellerais des expériences de fraternité forte, comme celles que nous avons pu vivre dans les institutions d'éducation à dimension humaine que nous avons fréquentées, que ce soient les collèges classiques, les couvents de filles ou même les écoles secondaires, les écoles supérieures d'autrefois. Il régnait dans ces institutions un «esprit de collège»; les éducateurs, les éducatrices étaient disponibles, ils avaient du temps, ils possédaient une solide expérience de l'éducation. Je suis malheureusement obligé de constater qu'aujourd'hui on a choisi de donner plutôt une très vaste information, au détriment peut-être d'une certaine formation...

La nostalgie de l'homme de soixante ans?

Tout à fait, mais je ne pense pas être le seul. Je ne regrette pas la jeunesse que j'ai eue. Je suis tributaire, dans mes jugements, de l'expérience que j'ai vécue. Je vous l'ai dit: je suis un homme de témoignage, pas un homme de théorie.

Une autre expérience forte: les mouvements de jeunesse, que ce soit le scoutisme, l'action catholique, les camps de fin de semaine, etc. Il en existe encore, mais très peu. J'ai appris là une certaine philosophie de la vie. Aujourd'hui, parce qu'il existe plusieurs philosophies, on n'ose en présenter aucune, alors que les jeunes en auraient tant besoin. Le jeune qui commence sa vie n'a pas l'expérience que nous pouvons avoir à cinquante ou à soixante ans; nous avons eu le temps d'expérimenter, de faire des essais, des erreurs. Le jeune a besoin qu'on lui indique un chemin. Quel chemin a-t-on indiqué aux jeunes sur les plans religieux, philosophique, de la pensée?

J'ai vécu à une époque où l'effort était quasi notre pain quotidien. Nous n'étions pas riches, nous n'avions pas le choix; je n'ai aucun mérite, mais j'ai appris ce qu'était faire un effort. Dans l'éducation, depuis vingt-cinq ou trente ans, chaque fois que les enfants se retrouvent devant un obstacle, on le leur enlève. On ne leur a jamais appris comment vaincre une difficulté, comment faire un effort. Cela explique que des jeunes aujourd'hui, à la première contradiction, soient complètement démolis. Regardez le taux de suicide...

■ *Mais qu'est-ce que vous répondez aux jeunes?*

Aujourd'hui, il faut avoir le courage de reprendre avec les jeunes la présentation d'un message qui se tient. Je crois que l'Église doit avoir le courage de présenter aux jeunes le message de l'Évangile, le message de Jésus Christ. De plus en plus, je réalise que, comme personne, Jésus Christ attire les jeunes. Rares sont ceux qui le rejettent.

■ *Vous m'avez déjà dit, dans une entrevue précédente, que depuis quarante ou cinquante ans, l'Église ne trouve plus les* mots pour véhiculer son message, parce qu'il y a des mots qui appartiennent à l'Église d'autrefois ou des discours beaucoup plus étroits qui prennent auprès des gens. Vous dites: «Nous n'avons pas trouvé les mots.»

C'est vrai. Je crois que l'Église dans son ensemble n'a pas trouvé le moyen de transposer le message de l'Évangile dans un langage accessible aux jeunes. Cela ne veut pas dire qu'on ne doive pas faire l'effort de le faire, même si c'est difficile. Voilà pourquoi nous tentons des expériences. Cet été, par exemple, je participerai à Paris, aux Journées mondiales de la jeunesse, une rencontre du pape avec les jeunes du monde entier; deux cent cinquante à trois cents jeunes de Montréal s'y rendront. Je vais les accompagner. Je vais essayer de leur parler, de leur livrer un message; je ne sais pas si je réussirai, mais il m'apparaît important que toute l'Église fasse un effort et ait le courage d'enrichir les jeunes et de soulager leurs pauvretés.

▨ L'Église a livré une bataille importante pour la défense de l'école confessionnelle, pour que l'enseignement religieux soit intégré à l'école. Cela fait-il partie des erreurs de l'Église? L'Église, en assumant son propre enseignement à la jeunesse, aurait-elle rapproché d'elle la jeunesse?

Non, je ne pense pas que ça ait été une erreur. Cela fait partie de notre tradition. Ici, à cause de circonstances historiques, l'enseignement a été confié à l'Église. Nous nous sommes bâti un système dans lequel l'enseignement était donné par les gens d'Église et comprenait un volet religieux.

▨ Mais les gens d'Église ne sont plus à l'école.

Le problème, que nous tentons de corriger, c'est de laisser à l'école un certain aspect notionnel de la religion, aspect important non seulement pour l'Église, mais aussi pour ceux et celles qui ne sont pas d'Église. En effet, il est difficile de comprendre quoi que ce soit à la culture québécoise si on ignore tout de la religion. Je connais un Juif qui envoie ses enfants suivre un cours d'enseignement religieux catholique, ne serait-ce que pour comprendre le pays dans lequel il vit, le noms des rues, des édifices, etc. Un certain aspect notionnel doit être conservé. C'est ce à quoi nous nous employons encore actuellement en exigeant une certaine confessionnalité.

Il y a aussi un aspect de pratique évangélique qui ne peut se vivre qu'au sein de la communauté chrétienne. C'est pourquoi, depuis les vingt dernières années, l'Église a fait énormément d'efforts de ce côté-là... ce que nous reprochent d'ailleurs certains catholiques plus intégristes. Il reste une ambiguïté, dont certains ne sortent pas facilement: autrefois, l'école était une communauté chrétienne, mais elle ne l'est plus, et depuis longtemps. Alors quand nous parlons de confessionnalité, nous parlons d'enseignement religieux de qualité. Nous parlons aussi de pastorale, pour les gens qui veulent faire une pratique caritative, des apprentissages. Tout cela selon la composition de la clientèle scolaire et dans le cadre d'un projet éducatif acceptable. Celui-ci peut prendre des formes très variables, mais nous voulons éviter qu'une école puisse adopter un projet qui aille à l'encontre de l'enseignement que nous donnons. Nous pourrions, à la limite, nous retrouver dans une situation semblable à celle qu'ont connue certaines écoles américaines: toutes les images de Dieu, tous les crucifix devaient disparaître, pour respecter les droits individuels... je trouve que ça va trop loin. Mais il me semble très important qu'un projet éducatif respecte les grandes vérités présentées, surtout au niveau élémentaire.

Mais vous êtes bien conscient que votre diocèse, par exemple, compte de plus en plus de groupes ethniques de religions totalement différentes...

Et c'est pourquoi j'affirme que cet aspect est très variable. La réalité est vécue très différemment d'un endroit à un autre, à Notre-Dame-des-Neiges où on retrouve cinquante-deux nationalités dans une école, dans une école de l'est de la ville fréquentée uniquement par des Canadiens français de souche, ou encore dans un village près de Rimouski, où il n'y a même pas un étranger!

Bientôt on devra peut-être aussi donner des notions sur l'islam.

Tout à fait. Mais cela ne pose pas problème. Le programme religieux accepté par les évêques, d'ailleurs, comporte au secondaire une présentation des grandes traditions religieuses du monde entier; c'est tout à fait normal. Le respect des options des autres, c'est aussi une valeur prônée par l'Évangile.

À l'époque où tant de pères ont déserté, ne sont plus présents, vous qui avez renoncé à être père, de quelle façon pouvez-vous rejoindre les jeunes, devenir en quelque sorte un modèle de paternité?

Vous posez là une question fort pertinente aujourd'hui. Vous savez qu'il est de plus en plus difficile de faire comprendre Dieu aux jeunes. En effet, Dieu s'est présenté à nous sous l'image d'un père. Cependant, un grand nombre de jeunes n'ont pas eu de père. Parler de Dieu-père évoque pour plusieurs une image de père qui ne conduit pas nécessairement à Dieu.

Cela nous introduit dans ma troisième priorité: la famille. Je crois que la famille est une institution absolument essentielle pour la société, pour l'Église; elle demeure la cellule de base sur laquelle doit s'appuyer toute société. Sur ce point, j'ai l'impression que nous ne faisons pas collectivement tout ce que nous pouvons pour aider la famille à surmonter ses problèmes.

PRIORITÉ: LA FAMILLE

Votre mère vit encore, vous avez des frères, deux sœurs. Vous êtes attaché à votre propre famille. Mais n'est-ce pas là l'image traditionnelle de la famille de votre enfance, une famille qui n'existe plus?

Ce type de famille existe encore; tout le monde n'est pas divorcé, quand même! Il reste heureusement des familles unies. Je dis que nous devons trouver le moyen de revaloriser l'influence d'une famille élargie, même pour ceux et celles qui, pour des raisons extérieures à eux-mêmes, n'ont pas vécu dans une famille que vous appelez «traditionnelle». Certains foyers reconstitués, des divorcés remariés, une seconde famille, peuvent constituer une excellente famille pour des enfants. Tout cela n'est pas négligeable.

Vous avez parlé du rôle du père. Comment allons-nous faire, dans notre société, pour revaloriser le rôle

du père au sein des familles, qu'elles soient traditionnelles ou reconstituées? Et tous ces enfants qui malheureusement vivent dans des familles monoparentales?
Quelle aide apporte-t-on à ces parents seuls — des
femmes, à 98 % — qui vivent dans des conditions très
dures: s'occuper des enfants, travailler, vivre souvent
sous le seuil de la pauvreté... je ne sais pas comment
elles y arrivent! Quelle aide leur apporte-t-on pour
assurer une présence masculine dans ces milieux-là?

Voilà bien des problèmes pour lesquels je n'ai pas
de solution... Nous avons réalisé de timides tentatives;
nous réunissons des gens pour en discuter. Des expériences se font ici et là, des petites pousses qui sont
pleines d'espérance... mais nous avons devant nous tout
un chantier!

*Revenons sur la forme que prend ce chantier. Vous
parlez de «petites expériences». Quel genre d'expériences?*

Je crois beaucoup aux bienfaits de rassembler des
gens qui vivent des situations semblables et qui acceptent d'en parler, de s'aider mutuellement de leurs
apports, de leurs misères et de leurs richesses. L'Église,
en général, en tout cas au Québec, fait un effort considérable pour créer de ces petites cellules de gens qui se
réunissent pour partager et discuter de leur vie. Pour
moi, c'est plein d'espérance. Et si vous me demandez
de quoi aura l'air l'Église de l'an 2050 ou 2100, j'espère
qu'elle ressemblera à une multitude de petites cellules
qui, lorsqu'elles se réuniront le dimanche — parce
qu'elles continueront de se réunir —, auront véritablement quelque chose à célébrer.

■ *Tout à l'heure, vous avez parlé avec nostalgie de l'époque de l'effort, de l'époque des modèles. Vous avez eu des modèles pour former votre tempérament, votre caractère. Quels modèles présente-t-on aujourd'hui aux jeunes à l'intérieur même de l'Église? Vous êtes tous vieillissants; vous êtes en quelque sorte des grands-pères...*

Oui. Mais je vais vous étonner en disant que, de toutes les institutions que je connaisse, l'Église est probablement celle qui compte le plus de jeunes, même s'il n'y en a pas énormément. Nous en avons quand même un certain nombre. Vous savez, l'Église n'est pas la seule à avoir de la difficulté à recruter des jeunes. Les jeunes ne sont nulle part; ils sont atomisés. Même les partis politiques et les syndicats ont de la difficulté. Quand j'en parle avec des chefs syndicaux ou des politiciens, je vois bien qu'eux aussi font face au même défi. Je pense que tous les groupes doivent faire un effort pour aborder la jeunesse, mais pas dans un esprit de récupération. Vous savez, quand nous nous occupons des jeunes, il est très rare que ce soit en vue de remplir nos églises de têtes moins grises! Il ne faut pas commencer par là. J'ai souvent dit qu'il était peut-être plus facile de les faire entrer par le sous-sol que par le haut de l'église.

■ *Mais avec comme objectif de les faire entrer...*

S'ils peuvent arriver jusque-là, et si je crois que c'est un bien: pourquoi pas? Mais nous n'avons pas une mentalité de type triomphaliste des années cinquante: «Il faut absolument baptiser la personne, sinon elle va aller en enfer.» Je ne pense pas que nous agissions dans cet esprit-là. Mais nous possédons une richesse et nous la présentons, sans l'imposer. Si le jeune l'accepte, nous en serons très heureux. Si une chose me fait vivre et qu'elle est bonne pour moi, je serai très heureux qu'un jeune garçon ou qu'une jeune fille l'accepte aussi. En ce sens, je crois que l'Église fait un effort pour rejoindre les jeunes. Nous n'avons pas encore de succès mirobolants, mais des succès modestes, et des lignes intéressantes commencent à se dessiner.

■ *Dès votre nomination comme cardinal, vous avez été nommé à la Congrégation des saints. Mais s'occuper des saints, ça fait un peu archaïque aujourd'hui...*

Ça peut en effet sembler assez archaïque. D'autre part, il y a eu plus de saints canonisés, béatifiés par Jean-Paul II que par ses quatre ou cinq prédécesseurs mis ensemble! Je pense comprendre son raisonnement: le pape prend conscience que la religion dite populaire a perdu beaucoup de terrain. Autrefois, il y avait de très nombreuses manifestations religieuses populaires, particulièrement en Occident. Avec le recul de la pratique religieuse, la religion populaire a été reléguée au second plan. Mais certaines personnes ont besoin de manifestations très tangibles de leur foi. Jean-Paul II a découvert que les saints contribuent énormément à concrétiser le message du Christ. Un saint ou une sainte, c'est un modèle, une personne dont on connaît la vie, dont on peut connaître un peu l'intériorité, la façon de vivre le message de l'Évangile dans son quotidien, dans des circonstances parfois très difficiles. Quand on lit la vie d'un saint, il est inspirant de constater qu'une personne ayant vécu dans un siècle donné a traversé des difficultés que nous rencontrons nous-mêmes aujourd'hui.

Le témoignage d'une personne bien concrète, qui a eu une vie un peu hors du commun, permet aux gens de mieux comprendre comment incarner leur foi. C'est ce que le pape a compris et c'est pourquoi il tente de populariser les saints.

À vous entendre, c'est un peu comme si on se cherchait des vedettes... On se fabrique des saints à répétition pour que le message soit plus populaire auprès des gens.

C'est peut-être une façon de voir les choses, et il y a là un danger que je reconnais volontiers. Par ailleurs, il faut reconnaître que notre monde fonctionne ainsi. Aujourd'hui, dans le sport, le cinéma, la chanson, la littérature, nous avons besoin de personnes qui se démarquent et que nous mettons de l'avant. Nous vivons dans une civilisation du voir; la télévision a apporté cette transformation. Il nous faut donc trouver la même chose au plan religieux. Le processus pour arriver à une canonisation est d'une exigence telle qu'un cas douteux ne pourrait pas passer à travers les méandres des enquêtes qui sont requises. C'est un type de protection contre les excès. Je ne pense pas que l'Église puisse se tromper beaucoup sur la sainteté d'une personne. Il n'y a quand même pas des foules de candidats, et les enquêtes sont très exigeantes. Cela pose d'ailleurs des problèmes; en effet, passer à travers ces processus nécessite l'appui de groupes organisés, avec des moyens humains importants... qui font souvent défaut aux laïcs.

Ce qui fait aussi que certains groupes ou certaines cultures pourraient être surreprésentés, parce qu'ils ont des moyens de lobbying que d'autres n'ont pas.

Exactement. Et en ce sens-là, je peux vous dire que ce sont des questions sur lesquelles nous nous interrogeons.

À partir de tout ce que vous m'avez dit tout à l'heure au sujet de ce que j'appellerais les problèmes moraux, les problèmes que rencontrent les gens, les familles, les couples: le mariage, le remariage, le divorce, la contraception, l'avortement... Est-ce que les politiques ou la doctrine de l'Église tendraient à vouloir reconstituer la famille d'autrefois dont vous avez la nostalgie?

Si par «famille d'autrefois» vous entendez un père, une mère et des enfants, oui. Je pense que c'est un bien, non seulement pour l'Église mais pour la société. Quant aux conditions dans lesquelles vit la famille, c'est autre chose. Au sujet du nombre d'enfants, par exemple, les choses ont pu jadis se vivre différemment...

Mais voici ce que je veux surtout exprimer, quand je parle de l'Église et de son influence: j'estime que nous aurons atteint notre objectif si un certain nombre de jeunes acceptent le message que nous proposons, mais également si nous arrivons à faire comprendre à l'ensemble des jeunes qu'il est important que notre vie ait une dimension spirituelle. Si nous arrivons simplement à rappeler au monde l'importance de cette dimension pour toute vie humaine, je pense que nous n'aurons pas perdu notre temps. Si ces gens n'arrivent pas à suivre entièrement la doctrine de l'Église, nous pouvons le comprendre! Vous savez, on ne devient pas un excellent joueur de hockey du jour au lendemain: il faut pratiquer, s'entraîner, faire des erreurs, etc. Il en est de même pour la vie chrétienne: on ne devient pas un «super chrétien» en vingt ans, on a toute la vie pour le devenir!

▨ *Diriez-vous qu'on ne parvient pas tous à la ligue natio-nale de la hiérarchie de l'Église... on ne devient pas tous cardinal dans l'Église?*

Heureusement, d'ailleurs, parce que ça ne serait pas drôle pour l'Église!

▨ *Votre propre famille religieuse vit une crise qui s'appa-rente à celle de la famille.*

C'est vrai.

▨ *Seuls les plus âgés fréquentent vos églises, côtoient vos prêtres de plus en plus vieux, de moins en moins nombreux... Votre famille religieuse va-t-elle disparaître avec votre dernier prêtre?*

Les prêtres... il y a quand même un certain nombre de jeunes qui se risquent dans cette voie. Il n'y en a certes pas des masses, mais chaque année j'ordonne de cinq à huit prêtres.

▨ *De quoi faire vivre votre diocèse?*

Là-dessus, permettez-moi une petite parenthèse: la crise du clergé, il faut la juger, à mon avis, à la lumière de certaines réalités nouvelles. Il fut un temps où, pour accomplir une tâche dans l'Église, il fallait être prêtre, religieux ou religieuse. Sinon, on ne pouvait rien faire. Je me souviens d'une époque où, semble-t-il, on disait: «Les filles religieuses font des sœurs, les autres se marient.» Des bêtises épouvantables! Mais la réalité a changé.

Ce que j'espère pour l'Église de demain, c'est qu'il y ait toujours des prêtres. Nous en avons besoin. Ils sont nécessaires pour célébrer l'eucharistie, le pardon, tous les sacrements. Nous en avons besoin pour rassembler, soutenir et animer les communautés chrétiennes, annoncer et expliquer le message de l'Évangile. Nous avons besoin de leur présence pour témoigner de l'attention particulière de Dieu pour son Église.

▓ *D'autant plus qu'on n'accepte pas encore les femmes...*

Oui. Mais ce que j'espère aussi, c'est qu'il y ait toujours des chrétiens et des chrétiennes engagés. Et c'est ce type d'Église que je commence à voir surgir: un grand nombre d'hommes et de femmes s'engagent très généreusement. Quand je visite les paroisses, je suis toujours frappé de voir ce que j'appelle un noyau dur de cinquante, deux cents ou trois cents personnes très engagées, qui prennent des responsabilités, que ce soit dans la préparation au mariage, aux sacrements d'initiation, le travail auprès des jeunes ou autres. Cela n'existait pas il y a trente ans; à cette époque, nous avions amplement de prêtres pour faire tout le travail; aujourd'hui, ils sont moins nombreux. Vous savez, quand une institution se sent menacée, elle se prend en main. J'ai l'impression que c'est ce que font beaucoup de nos chrétiens aujourd'hui.

▓ *Des jeunes?*

Des gens relativement jeunes... Actuellement, la plupart des enfants qui viennent au monde au Québec, les parents veulent les faire baptiser; c'est encore le désir d'une immense majorité. Parmi ces gens-là, est-il possible d'éveiller un certain nombre de vocations? Les sacrements d'initiation chrétienne, la première communion, la confirmation, sont encore beaucoup demandés. Nous allons confirmer quinze mille enfants cette année.

■ *On vous dirait que c'est par folklore...*

Comment interpréter les motifs des gens? Je n'ai pas d'instrument pour mesurer le degré de foi. Mais je peux discuter avec les personnes. Leurs raisons? On m'a longtemps dit que c'était pour faire plaisir aux grands-mères; mais les grand-mères, aujourd'hui, ça fait longtemps qu'on ne cherche plus à leur faire plaisir, du moins de cette façon!

Je me souviens d'un jeune couple que j'ai rencontré. Ces jeunes ne pratiquaient pas, ils cohabitaient depuis deux ou trois ans. Parce qu'ils avaient un lien avec moi, ils m'ont demandé de bénir leur mariage. Je les ai questionnés; je leur ai demandé ce qu'ils désiraient. À ma grande surprise, ils m'ont dit: «Écoutez, on n'est pas pratiquants, c'est vrai. Par ailleurs, on croit. Là, on vient de découvrir qu'il y a quelque chose de sérieux dans notre projet; on vient vous voir parce qu'on sait que vous, vous prenez ça au sérieux.» Tout un témoignage! Ils auraient bien pu se marier civilement ou dans une autre Église, mais ils sentaient qu'il y avait quelque chose et ils vivaient une insécurité à ce sujet. Je leur ai fait lire un bout d'Évangile; ils m'ont dit: «C'est difficile mais, fondamentalement, nous sommes d'accord.» J'ai béni leur mariage, parce que je pensais qu'ils étaient prêts.

Autrement dit, je crois qu'à travers ce que vous appelez du *folklore*, au-delà de décisions qui sont prises de toutes sortes de façons, il est possible d'aller voir ce qu'il y a au fond. Voilà ce que tente de faire notre pastorale. C'est pour cela que nous demandons aux confirmands pourquoi ils veulent être confirmés; c'est pourquoi nous exigeons des préparations, nous questionnons les gens, nous les rencontrons. Mais avant tout, nous accueillons leur demande comme quelque chose de sérieux.

Toutes ces démarches rejoignent un grand nombre de personnes. Les parents qui accompagnent leurs enfants vers la première communion et la confirmation sont assez jeunes. L'Église a donc la possibilité de présenter son message et d'intéresser un certain nombre de jeunes.

Nous pourrions aussi parler des servants de messe: quand ils sont en 2e, 3e, 4e et 5e année, ils sont très nombreux. À quatorze ou quinze ans, ils ne restent pas tous, mais il y en a quelques-uns qui continuent. J'ai vu des jeunes dans certaines paroisses; encore récemment, je suis allé présider une célébration dans une église, et ceux qui servaient étaient des universitaires. Ils ne s'en vantaient pas à l'université, mais dans leur paroisse, ils étaient bien présents... comme les jeunes d'autrefois!

«Ils ne s'en vantaient pas.» Est-ce par timidité? Pourquoi est-ce qu'on ne se vante pas d'appartenir à l'Église ou de participer à sa vie?

C'est une grande question qui m'a toujours préoccupé. Je vous ai parlé tout à l'heure de l'importance que j'accorde au témoignage. J'y crois profondément. Mais le témoignage est un des grands problèmes de l'Église; les gens ont peur de témoigner. Je connais par exemple des employés de la télévision et de la radio, des professeurs d'université, qui sont des pratiquants: mais personne ne le sait. Pourquoi n'en parlent-ils pas? Il faudrait leur poser la question. Pour moi, c'est très difficile à accepter. Je me souviens d'un professeur d'université, très engagé dans sa paroisse, qui me disait: «J'en suis incapable à l'université. Peut-être parce que j'ai peur de faire rire de moi, d'afficher ma foi dans mon milieu de travail.» Par ailleurs, ça se corrige. Mais il faut reconnaître qu'au Québec, les années soixante-dix ont été difficiles; une personne qui tentait d'afficher sa foi, qui choisissait d'affirmer clairement ses convictions, se chargeait d'un lourd handicap, même à la télévision. Aujourd'hui, il me semble qu'il y a une possibilité de plus en plus grande de le faire... enfin, si je me fie à mon expérience personnelle.

Diriez-vous qu'il y a une renaissance du discours de l'Église sur la place publique?

Sûrement. Et ce qu'il faut, ce n'est pas uniquement la renaissance du discours de l'Église sur la place publique, mais aussi des chrétiens et des chrétiennes capables de dire leur foi en mots d'aujourd'hui. Quand moi, je prend la parole, on dit: «C'est son travail.» Bien sûr, ma parole a une certaine influence — enfin, je l'espère, autrement je me tairais. Mais ce que je dis n'a pas la même portée que le même message présenté par quelqu'un qu'on voit évoluer dans le monde des affaires ou ailleurs.

Pour la campagne de financement, par exemple, je fais toujours appel à des gens en vue. Je leur demande d'abord: «Me prêtes-tu ta crédibilité?» Je ne leur demande pas s'ils sont pratiquants, s'ils vont à la messe, s'ils sont mariés, divorcés, etc.; cela ne me regarde pas. «Me prêtes-tu ta crédibilité?» Autrement dit: «Accep-tes-tu de te mouiller avec moi?» Évidemment, une campagne au profit de l'Église des pauvres appuyée par un grand financier, ça étonne. Je me dis que c'est un moyen pour ces personnes d'afficher leur foi. Il est rare qu'on refuse. J'ai l'impression de jouer dans les ligues majeures! Pour moi, c'est important. C'est ma manière à moi de permettre à ces gens de s'afficher au moins comme n'étant pas contre l'Église, puisqu'ils appuient notre campagne.

C'est la même chose dans le monde universitaire. Je ne suis pas l'homme à corriger les erreurs doctrinales dans les journaux ou à la télévision; ce n'est pas mon genre. Mais je dis aux universitaires: «Vous devriez le faire, cela relève de votre compétence.» Je ne cesse de répéter aux théologiens: «Vous êtes timides, mes chers amis; sur les grands problèmes, les enjeux de la société, ne vous gênez pas! Intervenez dans les médias. C'est votre rôle d'éclairer les intelligences.» Hélas, il faut reconnaître qu'ils sont encore très peu présents, mais on y arrive... Je serai heureux le jour où nous aurons

Lancement de
la campagne de
financement 1994,
en compagnie
de Ronald Corey.

davantage de Fernand Dumont et de Jacques Grand'Maison, des hommes et des femmes capables d'affirmer devant les médias: «Moi, je crois à cela et je n'ai pas peur de le dire.» Nous avons grand besoin de ce type de chrétiens et de chrétiennes.

La foi partagée de Fernand Dumont...

Pour moi, ce témoignage est très parlant auprès des intellectuels. On pourrait aussi donner l'exemple de Gaston Miron, ce poète qui se fait enterrer à l'église... Personne ne soupçonnait ses liens avec l'Église, mais je peux vous dire que c'est lui qui avait demandé et établi dans le détail ses funérailles. C'est aussi un témoignage que je trouve important. Il y a quinze ou vingt ans, c'était peut-être moins possible, mais ça l'est de plus en plus aujourd'hui.

«J'utilise
un langage
que les gens
comprennent.»

5

Le cardinal, le communicateur, l'homme

LE COMMUNICATEUR

█ *Ce qu'il y a de moderne en vous, c'est votre facilité à utiliser les médias; vous êtes un homme des médias. En ce sens-là, peut-être ressemblez-vous à Jean-Paul II. Est-ce que je me trompe?*

Jean-Paul II est l'homme des médias, c'est évident. Mais je crois que, au-delà des médias, il est l'homme de la popularité auprès du peuple. Je suis toujours très frappé de voir le changement dans l'attitude des médias envers le pape lorsqu'il se rend en visite officielle. La plupart du temps, avant qu'il arrive, les médias sont contre lui; quand il est là et que les médias réalisent son succès, ils se font prendre dans le mouvement... C'est ce qui arrivé ici lors de sa visite.

■ Jean-Paul II, superstar...

Si vous voulez.

J'ai fait une expérience absolument formidable le jour où le pape a quitté Montréal. Je devais me rendre à Québec pour une réception qu'organisait René Lévesque pour tous les organisateurs de la visite. Pendant les derniers jours de la visite, j'avais été débordé, tellement que je n'avais pas le temps de lire les journaux. Mais comme je suis incapable de ne pas lire les journaux, je les avais ramassés. Ce jour-là, je suis donc parti avec tous mes journaux et, pendant les trois heures de trajet entre Montréal et Québec, j'ai lu *La Presse*, *Le Devoir*, *Le journal de Montréal*. Avant l'arrivée du pape, les articles étaient remplis de critiques, de contestation... mais plus la visite avançait, plus le ton était élogieux. Le tout se terminait par des éditoriaux dithyrambiques. Le plus bel exemple, c'est la caricature de Girerd, que j'ai d'ailleurs conservée. Girerd avait dessiné le visage du pape avec une lampe à huile qu'il était en train d'allumer. Sous le dessin, une simple phrase: «Il a rallumé notre vieille lampe.» Pour moi, Jean-Paul II a un charisme particulier avec le «petit monde», le vrai monde, le monde ordinaire, qui dépasse l'aspect médiatique.

J'ai participé aux Journées mondiales de la jeunesse à Denver, au Colorado, une ville qui compte à peine 30 ou 35 % de catholiques. Et pourtant, là aussi, le même phénomène s'est produit. Avant l'arrivée du pape, des membres de groupes fondamentalistes distribuaient des tracts contre sa visite. À la télévision, on diffusait des interviews de grands sages qui exprimaient leur opposition au pape. Mais dès l'arrivée de Jean-Paul II, les médias se sont «transformés». C'est difficile à expliquer. On aurait dit qu'ils perdaient leur objectivité devant un tel phénomène. Et son succès auprès des jeunes a été entier. Pourtant, le pape ne s'est pas gêné pour leur rappeler certaines vérités importantes... C'est incroyable!

Voilà pour ce qui est du pape et des médias. De mon côté, je ne sais pas. Il est vrai que je fais beaucoup de télévision. On m'assure que je «passe». Pourquoi? Sûrement pas à cause des idées que je transmets! Il me semble que je défends les idées les plus «traditionnelles» de l'Église. Peut-être parce que j'utilise un langage que les gens comprennent davantage. Si j'avais à me donner une qualité, ce serait celle-là: je parle le langage du monde. Les gens comprennent ce que je dis.

▨ *Mais vous avez dit «idées traditionnelles»?*

Oui. J'annonce le message de l'Évangile. Je vous ai dit d'où je viens. L'analyse de l'Évangile qu'a toujours faite l'Église, c'est mon pain quotidien.

▨ *Mais vous savez que les interprétations ont forcément beaucoup varié avec le temps; l'Évangile s'incarne dans une réalité.*

C'est vrai. Mais certaines choses m'apparaissent essentielles, et je n'en dévierai jamais. Nous parlions de la fidélité dans le mariage, par exemple. Je crois qu'il s'agit d'un idéal proposé à tous les hommes. Je suis bien conscient qu'un grand nombre de personnes pensent différemment, et je les respecte.

■ *Vous savez que vous avez un talent de communicateur; vous êtes un habile vulgarisateur. Ça vous sert bien et vous l'utilisez.*

À mon avis, une des fonctions premières confiées à l'évêque, c'est d'être un enseignant, de prêcher Jésus Christ et sa doctrine. Je n'ai pas de talent pour écrire. Je pense avoir un certain talent pour parler; je suis plutôt verbo-moteur. Comme évêque, j'ai choisi de prendre la parole là où les gens vont puiser leurs connaissances. Les hommes et les femmes d'aujourd'hui regardent en moyenne vingt à vingt-cinq heures de télévision par semaine, écoutent un peu de radio dans leurs déplacements ou parfois la nuit, ils lisent assez peu, hélas... J'ai donc décidé d'être présent dans le domaine où j'ai le plus de chance d'être entendu par le plus grand nombre. Vous me demandiez tout à l'heure si je voulais atteindre beaucoup de gens, si j'espérais les ramener à l'Église... Je prends la parole parce que je pense qu'il y a chez plusieurs un intérêt pour les questions religieuses, intérêt souvent latent. Je suis toujours étonné par le nombre de personnes qui me disent m'avoir entendu dans une émission qui n'a pas du tout trait à la religion, et que ce que j'ai dit les a frappées. Chaque fois que je participe à une émission de télévision ou de radio, j'essaie d'assurer une présence religieuse ou d'apporter un peu du message de l'Évangile. Il me semble possible de susciter chez les gens une certaine réflexion, même dans un cadre qui n'est pas du tout religieux.

■ *De passer un message?*

Oui, d'une certaine manière... présenter une partie du message qui est le mien.

■ *Vous êtes très à l'aise avec les médias; les nouveaux modes de communication ne vous font pas peur?*

Non. C'est pourtant une chose que je n'ai jamais apprise. On ne nous enseignait pas ça au séminaire! À cause de diverses circonstances, j'ai assumé depuis plusieurs années des responsabilités qui m'ont amené à être souvent en lien avec les médias, en particulier lors de la visite du pape. À cette occasion, j'avais deux tâches; la première était de coordonner sa visite à Montréal. La seconde tâche, très délicate, m'avait été confiée à la demande du gouvernement du Québec. À ce moment-là, entre le gouvernement de René Lévesque à Québec et celui de Pierre Trudeau, à Ottawa, régnaient des difficultés de fonctionnement à tous les niveaux. Le gouvernement du Québec tenait à la visite du pape; il y croyait autant, sinon plus, que les évêques. Les responsables du gouvernement à Québec se sont dit: «Si nous voulons avoir une meilleure entente, il ne faudrait pas que nous ayons à négocier seuls avec le gouvernement fédéral.» Ils avaient donc demandé aux évêques du Québec de nommer l'un d'entre eux pour servir d'intermédiaire entre les deux paliers de gouvernement. Le sort est tombé sur moi... J'étais coordonnateur de la pastorale pour le diocèse de Montréal. Comme je suis bilingue et que j'avais l'habitude de négocier les relations des francophones et des anglophones, Mgr Grégoire a accepté qu'on me confie cette tâche. Je me suis donc retrouvé à jouer le rôle d'intermédiaire.

Les journalistes n'étaient pas naïfs; évidemment, ils essayaient d'en savoir le plus possible... Ils se doutaient bien des difficultés de certaines décisions. Alors j'ai dû apprendre à réagir rapidement! Je vous donne un exemple: je savais depuis le début que le jour de la visite du pape ne serait pas déclaré congé civique, pour des raisons évidentes. En effet, les conventions collectives étant ce qu'elles sont, le gouvernement aurait été obligé de payer les policiers et tout le personnel requis à temps double, etc. Mais on ne pouvait pas le dire. J'ai donc dû apprendre à éviter certaines questions. Je me souviens, monsieur Lévesque avait trouvé une formule absolument superbe; aux questions des journalistes, il avait répondu: «Je ne sais pas encore, mais j'ai l'impression que ce ne sera pas la journée où on va travailler le plus fort au Québec!»

À travers cette expérience, j'ai aussi beaucoup appris au contact de certains experts du gouvernement qui me conseillaient.

À l'époque de l'un de vos prédécesseurs, je pense au cardinal Léger, on avait eu droit au chapelet en famille. J'ai l'impression qu'à un moment donné l'Église s'est un peu retirée de ces manifestations officielles, qu'elle a été hésitante à investir les médias. Je sais qu'il y a actuellement à Montréal l'expérience de Radio Ville-Marie. L'Église a-t-elle trop tardé à investir les médias au cours des trente ou quarante dernières années, contrairement à ce qui s'est fait aux États-Unis, par exemple?

C'est une bonne question. Je n'étais pas évêque à l'époque, mais à ce moment-là les évêques ont choisi de faire confiance aux laïcs, un peu naïvement peut-être, en se disant: «Nous ne sommes pas seuls, nous, les responsables de l'Église. Nous avons des chrétiens laïcs; ils prendront leurs responsabilités et ils s'imposeront.» Cette position comporte des avantages, mais aussi des inconvénients. Comme je l'expliquais plus tôt, nous avons traversé, dans les années soixante, une période où beaucoup de gens se sont effacés, y compris des hommes d'Église. La présence de l'Église est allée s'amenuisant. Je ne pense pas que c'était une erreur. Je crois encore que l'Église qui veut posséder son propre poste de télévision est une Église de puissance. Je suis d'accord pour pénétrer le milieu des médias et voir à ce que nous ayons notre part du discours. Avoir une télévision catholique, c'est exigeant. Ça coûte très cher et, surtout, ça ne vous permet pas facilement d'entrer dans les autres postes.

Radio Ville-Marie est un bon exemple d'initiative qui me semble très intéressante. Les artisans du projet sont venus me voir dès le point de départ; je leur ai dit: «Votre projet m'enthousiasme, mais à deux conditions. La première, c'est que ce ne soit pas le poste de l'archevêché de Montréal. La deuxième: qu'il soit dirigé par un groupe de laïcs chrétiens qui prennent leurs responsabilités et qui s'expriment.» C'est ce qu'ils ont fait et j'en suis très heureux.

Vous ne recherchez donc pas une présence accrue à la manière des preachers *américains, par exemple?*

Je n'y crois pas tellement; je n'aime pas beaucoup les *preachers* américains. Vous connaissez ce genre d'émissions où ils réclament sans cesse de l'argent... et ils n'ont pas le choix, car la production coûte très cher. Je pense qu'à long terme ces projets ont un effet négatif sur la religion. Le contenu qu'ils présentent doit avoir une espèce de tonus mi-chair, mi-poisson... pour éviter tous les problèmes qui pourraient choquer les généreux donateurs.

Non, je ne crois pas à ce type de présence. Je préfère de beaucoup une certaine liberté et une plus grande variété de présence.

Votre utilisation des médias, pourrait-on dire qu'elle fait partie de votre mission d'évangélisation?

Sûrement. Je suis convaincu que c'est l'endroit où un évêque peut enseigner au plus grand nombre de personnes à la fois. Est-ce que je le fais bien? Est-ce que je le fais mal? Je laisse les gens en juger. Mais je crois qu'aujourd'hui, nous n'avons pas le choix. Nous nous devons d'être présents dans les médias.

Est-ce que votre présence a porté fruit, jusqu'à maintenant, depuis que vous avez été nommé archevêque de Montréal? Est-ce que vous pouvez mesurer les fruits de vos interventions publiques?

Ce serait aux gens de répondre à cette question. Je rencontre constamment des personnes qui me disent: «Monseigneur, moi, je ne suis pas pratiquant, mais j'aime bien vous voir à la télévision. Ça a du bon sens, ce que vous dites. Vous me faites réfléchir.» Je m'en réjouis, parce que c'est un peu le but que je poursuis. Je ne m'attends pas à ce que les gens disent: «Je vais redevenir le type de catholique que j'étais en 1942...» Cela n'est pas possible, je n'y crois pas. Mais que les gens, grâce à mes interventions, se posent des questions d'ordre spirituel, se remettent en question, c'est ce que je désire. Et je crois que pour beaucoup de gens, c'est réussi.

L'HOMME

Monsieur le cardinal, j'aimerais terminer cet entretien en parlant de l'homme que vous êtes.
Vous êtes à l'abri des lendemains difficiles, vous avez un emploi à vie... on ne congédie pas un cardinal.

J'ai le droit de penser à la retraite à l'âge de soixante-quinze ans...

Sentez-vous parfois une contradiction entre ce que vous vivez et ce que vous enseignez?

Voilà une bonne question. Bien sûr, je possède une certaine sécurité. Mais je cherche toujours à incarner ce que j'enseigne. Par exemple, deux ou trois fois par année, j'essaie de poser des gestes gratuits de générosité, pour me prouver à moi-même que j'en suis encore capable. Je prends alors certaines sommes que j'ai économisées, comme tout bon travailleur, et j'en fais don à divers organismes ou personnes. Pour moi, c'est une façon de m'assurer de la cohérence entre ce que je dis et ce que je vis.

Je me dis également: «Ce que le Seigneur me demande, ce n'est pas de vivre dans l'insécurité. Il m'invite à exercer un certain leadership dans l'Église, au sein du peuple de Dieu, à enseigner aux autres son message et à le pratiquer.» Je pense vivre assez modestement. J'ai une vieille voiture personnelle de l'année

1985, que je garde toujours, mais qui a très peu de kilométrage; je n'ai pas le temps de m'en servir, alors elle reste au garage!

▓ *... parce que vous avez une voiture de fonction?*

Bien sûr, autrement je ne pourrais faire tout ce que j'ai à faire. C'est une voiture intermédiaire que je compte bien garder encore quelques années. J'ai aussi la chance d'avoir un chauffeur. Mais cela est nécessaire à cause de mon travail. Autrement, je ne serais pas capable de faire ce que je fais. Vous savez ce que c'est, s'occuper d'une voiture à Montréal! Pour mes déplacements, je calcule le temps entre mon départ et mon arrivée; le reste, je n'ai pas à m'en préoccuper. C'est précieux! Je peux aussi travailler à bord de la voiture pendant les longs voyages.

Par ailleurs, je vis ici dans des appartements très grands... mais que voulez-vous que je fasse? Je ne peux quand même pas faire détruire ce bâtiment! Je suis pris avec le patrimoine, moi aussi! Nous devons le conserver, essayer de le sauver.

J'essaie donc, de temps en temps, par des gestes désintéressés, par des amitiés que je nourris, de ne pas m'éloigner du message que j'enseigne. Dans l'ensemble, ma vie est agréable. Elle comporte cependant des aspects que je trouve plus difficiles. Connaître son emploi du temps presque un an à l'avance devient parfois assez lourd!

▓ *Parce que vous êtes un homme organisé.*

Oui. Je n'ai pas le choix. Même si je ne le voulais pas, je dois m'organiser.

Autre chose: je ne l'ai jamais caché, je déteste voyager. Pas parce que j'ai peur de l'avion; au contraire: en avion, je dors. Mais je suis un homme casanier; je suis bien quand je suis chez moi, dans mes affaires, avec mes livres, mon lit... quand je change de lit, je dors mal! Mais je dois faire huit ou dix voyages par année, des voyages éclairs, en trois, quatre ou cinq jours... Ce n'est vraiment pas agréable. Les gens me disent: «Vous êtes chanceux, vous partez pour Rome!» Bien honnêtement, je préférerais rester chez moi! Si je pouvais envoyer quelqu'un à ma place, je le ferais, tout simplement.

Je suis un homme public, je n'ai plus de vie privée. J'avoue que ce n'est pas toujours facile d'être aimable avec toutes les personnes qui se présentent à moi. J'ai des sentiments, comme tout le monde; j'ai des heures de fatigue. Et c'est parfois exigeant de m'efforcer d'être «présentable»! Les gens n'ont pas souvent l'occasion de me rencontrer... J'aime bien prendre un bain de foule, écouter les gens. C'est touchant, mais aussi très fatiguant. Je n'arrive à le faire qu'en m'y préparant.

J'essaie donc d'accepter dans ma vie à la fois l'agréable et le désagréable. Ma vie dans la sécurité est compensée par un autre type d'ascèse. La pauvreté, l'insécurité, c'est une ascèse; le fait de devoir faire un tas de choses que je n'aurais pas nécessairement envie de faire au moment où je dois les faire, c'est aussi une ascèse... et parfois, elle vaut bien l'autre!

Vous l'avez abordé précédemment dans l'entretien, mais je voudrais que nous y revenions dans cette partie de l'entrevue. Vous vieillissez, vous aussi; vous entrez, à soixante ans, dans le dernier droit de votre vie. Vous arrive-t-il de regretter de ne pas vous prolonger dans un enfant?

Oui. J'en ai déjà parlé. Plus je vieillis, plus je pense aux joies de la paternité. C'est une des choses difficiles que je dois assumer à cause du choix que j'ai fait. Être fidèle à ses choix, c'est peut-être la plus grande chose que l'être humain soit capable de réussir. J'admire cette capacité chez les autres et j'essaie de le vivre. Quand je fais un choix, librement, cela signifie nécessairement que je me coupe de d'autres choix. Je ne peux pas garder une liberté absolue sur tout. Un homme qui a marié une femme n'est plus libre vis-à-vis d'autres femmes. De la même façon, celui qui a décidé d'être célibataire n'est plus libre, comme je l'ai déjà expliqué.

Au fond, ce qui m'aide à surmonter ces difficultés, c'est de me rappeler qu'un jour j'ai choisi Jésus Christ. Et, à cause de ce choix, j'ai accepté d'abandonner d'autres choses. La paternité fait partie de ce que j'ai abandonné. Ce n'est pas facile, mais j'essaie de porter là-dessus un regard positif, d'en voir les avantages, qui m'aident à supporter les inconvénients...

Regrettez-vous de ne pas avoir consacré votre vie à l'amour d'une femme?

Oui et non. Je pense que j'aurais fait un bon mari, mais j'ai choisi autre chose. Je n'ai pas l'habitude de regarder en arrière; j'essaie d'être fidèle au choix que j'ai fait, le plus consciemment possible, dans tout l'esprit d'aventure de mes vingt-quatre ans. J'essaie d'être fidèle; c'est l'idéal qui m'est proposé et que je veux suivre.

Je n'ai pas de problème. Les gens s'imaginent que les personnes qui ne vivent pas d'amour exclusif, comme dans le mariage, ignorent ce qu'est l'amour. Ce n'est pas du tout mon expérience. Même dans un couple, j'ai l'impression qu'avec le temps l'amour doit se transformer, tôt ou tard, en amitié, en amitié très profonde. Si un mari n'est pas le meilleur ami de son épouse, et vice-versa, il y a quelque chose qui cloche. J'ai moi aussi la chance de vivre de grandes amitiés, avec des hommes et des femmes. Je n'ai pas de carence à ce niveau. J'ai moi aussi des gens sur qui je sais que je peux compter et qui, je pense, savent qu'ils peuvent compter sur moi, même si nous ne nous voyons pas souvent. Je ne peux pas dire que j'aie souffert dans ma vie de ne pas connaître d'amitié: j'ai toujours eu beaucoup d'amis.

Mais vous pouvez comprendre que certains de vos confrères, de vos prêtres, puissent souffrir d'un manque d'amour intime?

Oui, je peux comprendre. Cela dépend aussi du tempérament de chacun. Certains vont se satisfaire de moins, d'autres ont besoin de plus. Je ne juge pas les prêtres qui ont quitté. Il y a là-dedans un aspect fort mystérieux pour moi.

Je ne me suis jamais considéré comme un séminariste ou un prêtre modèle; je pense que j'avais des qualités, mais j'avais aussi quelques petits défauts que je traîne encore... Certains des confrères qui ont quitté étaient, à mon avis, bien meilleurs que moi, à tous points de vue. Je respecte leur choix et je demeure leur ami. J'ai des contacts réguliers avec plusieurs confrères qui ont laissé; je connais leur femme, leurs enfants. Ils sont restés pour moi des amis que je respecte profondément. Pourquoi ont-ils pris ce chemin? C'est leur choix, et je le respecte.

▓ *Vous avez l'amour de Dieu. D'où vous vient la certitude d'être aimé de Dieu?*

C'est une excellente question... parce que je n'en ai pas de preuve. Je ne peux pas vous le prouver. Mais je le compare à l'amour humain: d'où vous vient la certitude que votre femme vous aime? Vous ne pouvez pas le prouver, mais vous le sentez en vous; cela suffit.

▓ *Mais je la côtoie quotidiennement!*

C'est vrai.

Mais je crois que la certitude de l'amour est une chose intérieure au cœur de l'être humain. Elle tient, bien sûr, à certains signes que nous reconnaissons dans notre vie. Certains événements, ma façon de les voir en tout cas, me montrent que Dieu s'occupe de moi. Ce que je vis avec Dieu, ce qui vient d'en dedans, c'est une conviction très profonde qu'il y a en moi une présence très grande. Je n'ai pas de difficulté à le croire; je n'en ai jamais douté.

Je lis beaucoup sur l'histoire et je suis frappé de constater comment l'amour de Dieu a toujours accompagné l'être humain dans toute son histoire. On se questionne beaucoup sur certaines époques plus sombres de l'histoire de l'Église, des moments de guerre, d'épreuves... Mais quand je regarde l'Église aujourd'hui, j'essaie de comprendre qu'une institution conduite par des pécheurs comme nous ait pu survivre pendant deux mille ans, avec toutes les bêtises qui ont été commises par des laïcs, des prêtres, des évêques, même par le pape à certaines époques... Comment l'Église aurait-elle pu survivre sans l'amour de Dieu pour la supporter? C'est pour moi un signe très fort. Dans ma propre vie, je vois aussi un tas de signes... et je n'ai pas de difficulté à croire que Dieu est présent en moi et qu'il m'aime.

■ *À propos de l'amour de Dieu pour vous, vous affirmez: «Je n'en ai jamais douté.» J'allais vous demander: avez-vous déjà douté de votre engagement dans l'Église et dans votre foi?*

Oui, bien sûr. Face à l'Église, surtout; c'est toujours difficile parce que je ne suis pas naïf. L'Église est une institution divine, bien sûr, par son origine, par le soutien de Dieu. Mais c'est aussi une institution humaine, composée d'humains, certains avec lesquels je m'entends bien, d'autres avec lesquels j'éprouve certaines difficultés. Il y a dans l'Église des choses que j'aime, d'autres que je n'aime pas. C'est vrai vis-à-vis de Rome, c'est aussi vrai de mes prêtres vis-à-vis du diocèse, du vicaire vis-à-vis de son curé, du paroissien vis-à-vis de son curé, etc. Il est normal d'avoir des doutes sur l'Église; j'aimerais la voir changer sur certains aspects... L'Église restera toujours une mère imparfaite. Mais c'est notre mère et nous n'en avons qu'une! Comme notre mère humaine, elle n'est pas parfaite, mais nous l'aimons bien.

On peut également douter de Dieu. À certains moments, dans des situations de crise, devant la souffrance humaine, la mort, devant la méchanceté de certains humains, il est normal de douter de Dieu. Il m'arrive moi aussi d'être traversé de moments de doute; mais ma «sécurité», si je peux parler ainsi, c'est Jésus Christ. Il a bel et bien existé. Il y a dans sa vie certaines choses qu'on ne peut pas expliquer: il était mort et il a été vu vivant; personne ne peut nier ce phénomène. On peut dire: «Ses disciples l'avaient caché», ou inventer tout ce qu'on voudra... Des gens sont morts pour avoir été témoins de la résurrection! On ne meurt pas pour défendre des histoires qu'on a inventées. Pour moi, la résurrection de Jésus est une certitude. Quand je parle à cet être-là, avec qui je vis en constante communication, je sens sa présence. Lorsque j'ai des doutes, il m'aide à les traverser.

Croyez-vous au péché?

Oui, je crois au péché; je crois au mal. Je pense que le mal existe en nous et autour de nous. Je crois aussi au démon — mais pas le démon aux cornes pointues des représentations simplistes de mon enfance. L'être humain vit une lutte constante entre le bien et le mal, lutte que nous sentons en nous et autour de nous. Le péché n'existe que dans la mesure où nous avons conscience du mal que nous faisons et que nous le perpétuons.

Voilà, d'après moi, un des grands problèmes de notre temps: on a fortement tendance à perdre le sens des responsabilités; on rejette toujours sur l'autre ce qui va mal. Souvent, on cherche un bouc émissaire. On pense qu'il est possible d'organiser une société avec une structure telle que tout sera bien, tout sera parfait: c'est une illusion. J'ai une vision philosophique très personnaliste; je crois que l'être humain est une personne, un centre de décisions et qu'il revient à chacun de reconnaître le mal en lui, d'essayer de le corriger.

J'ai profondément conscience d'être pécheur; j'essaie de poursuivre un idéal et j'ai beaucoup de mal à vivre en conformité avec ce que je crois, ce que j'admire et trouve beau. Le péché, au fond, est cette distance qui existe constamment entre l'idéal de ce que je voudrais être et la pauvre réalité de ce que je suis. Il y a là des choses dont je suis responsable, mais je ne crois pas qu'il y en ait autant que ce qu'on a voulu nous faire croire dans le passé, avec le «catalogue» des péchés que nous examinions tous les mois, par exemple.

Il y a tout de même, dans ma vie, des situations de mal que je crée par des gestes, des actions, des paroles que je prononce, que je ne prononce pas, des chances qui s'offrent à moi et dont je ne profite pas… et j'en suis responsable. C'est cela, le péché: en faisant tout cela, je ne suis plus en fidélité avec le Christ que je dis aimer.

Vous avez parlé de souffrance, tout à l'heure… si Dieu est infiniment bon comme on nous l'enseignait quand j'étais enfant, pourquoi tant de souffrances?

Il est bien difficile d'essayer de comprendre Dieu. Ma foi tient au Christ et, par lui, à Dieu; j'aurais de la difficulté à croire en un Dieu tout seul. Il me semble que si j'avais été Juif, j'aurais eu du mal à croire uniquement avec la révélation de l'Ancien Testament. Quand je regarde l'image du Dieu qui se révèle dans la Bible, il y a de très belles choses, mais il y a aussi des choses que je n'aime pas. Heureusement que le Christ est venu nous révéler ce que Dieu était vraiment, ce qui est essentiel et ce qui est accidentel. Je crois que de plus en plus nous avons à redécouvrir qu'on n'arrive au vrai Dieu que par Jésus Christ. Le vrai Dieu, c'est celui de Jésus Christ.

Quelle est votre attitude face à la souffrance?

Devant la souffrance... d'abord l'empathie et la sympathie. Devant quelqu'un qui souffre, je souffre avec lui. J'ai cessé depuis fort longtemps d'essayer d'expliquer la souffrance. La souffrance, ça ne s'explique pas, ça se vit. Il arrive qu'il nous soit permis, parfois des années plus tard, de comprendre que grâce à la souffrance on a pu obtenir une chose qui s'est révélée bénéfique.

Mais n'essayons pas de comprendre la souffrance, la mort: ce n'est ni compréhensible ni acceptable. Dans le livre de Job, on voit les amis de Job qui viennent le visiter et qui tentent de lui expliquer la souffrance: les dialogues, les théories... c'est épouvantable! Job est assis sur son tas de fumier et il souffre; il se fiche complètement de leurs théories!

Devant une personne qui souffre, tout ce que je peux faire, c'est souffrir avec elle; être en empathie avec sa situation et lui dire: «Je ne comprends pas, moi non plus, mais nous allons pleurer ensemble, si tu veux.»

Avez-vous déjà pleuré?

Oui, bien sûr! Je ne m'affiche pas, parce que je suis très «masculin». Nous, les hommes, avons été élevés comme ça... Mais oui, il y a des choses qui m'attristent profondément.

Avez-vous personnellement connu la souffrance?

J'ai connu la souffrance. J'ai connu la maladie: j'ai découvert très subitement, à l'âge de quarante ans, que je souffrais d'une grave maladie du rein et que je devais être opéré. J'ai subi une intervention chirurgicale très sérieuse. Aujourd'hui, heureusement, je n'en ai aucune séquelles.

Je savais que l'opération était dangereuse, que je pouvais en sortir diminué; je ne vous cache pas que j'ai passé quelques moments très pénibles... qui m'ont été très bénéfiques. Cette expérience m'a énormément aidé à comprendre la souffrance des autres. Jusque-là, j'étais apparemment en bonne santé. J'ai alors vécu la peur de mourir, la peur de sortir d'une opération avec une infirmité, diminué; j'ai su ce qu'était la peur de dépendre des autres — parce que je suis profondément indépendant, vous l'avez sûrement senti à travers mon choix du célibat... Heureusement, je n'ai pas vécu la dépendance, mais j'ai eu très peur et cette expérience m'a été très bénéfique. Au moment où j'étais malade, si quelqu'un m'avait dit: «Ne t'en fais pas... ça va bien aller», je lui aurais montré la porte! Je n'aurais pas été capable de le supporter. Cette maladie a marqué ma façon de me comporter devant la souffrance des autres.

J'ai vécu également des peines. J'ai perdu, par exemple, un grand ami, Mgr Jean-Marie Lafontaine, bien connu dans le diocèse. Il est mort à cinquante-huit ans. Il a été pour moi un maître et un ami. Nous vivions dans la même maison avec un groupe de prêtres. Le départ de Jean-Marie, après un an de maladie, a été pour nous un choc épouvantable, une expérience très difficile à vivre, tant sur le plan personnel que professionnel. Je perdais non seulement un ami, mais aussi un homme sur qui je m'appuyais, sur qui je pouvais compter.

Je pourrais aussi vous parler de la perte de certains confrères que j'aimais et qui ont quitté le sacerdoce: de grandes souffrances pour moi. Un bon nombre de mes meilleurs amis prêtres ont quitté. Je n'ai pas coupé les ponts, comme je le disais plus tôt, je suis toujours en lien avec eux, nous sommes toujours bons amis. Mais je trouve difficile de ne pas comprendre... Pourquoi? Pourquoi lui? Pourquoi pas moi? Comment expliquer son choix? J'ai beau en parler avec eux, ça demeure difficile à saisir.

On parle de la défection des églises... une autre souffrance! Des militants de l'action catholique que j'ai connus, avec qui j'ai travaillé pendant des années, ont pris une orientation parfois même anti-ecclésiale. Ce sont des choses qui me font mal: j'ai l'impression d'avoir manqué mon coup.

Vous avez déjà dit que ce qui vous faisait mal, c'était l'indifférence, peut-être davantage encore que l'opposition.

Effectivement. Tel que je suis fait, je préfère une personne qui s'oppose ouvertement à moi à celle qui est indifférente.

Malgré tout cela, je ne peux pas dire que j'ai connu de grandes souffrances, comme celle d'une mère qui perd son enfant ou des choses semblables... mais j'en ai vécu suffisamment, je pense, pour savoir de quoi je parle.

Vous avez parlé de Mgr Lafontaine, mort prématuré-ment, que j'ai eu le plaisir de connaître. Cela m'amène à une question: êtes-vous capable d'accompagner un ami qui va mourir?

J'en ai accompagné plusieurs. Je me sens à l'aise de le faire maintenant. Je ne suis pas du genre à plaindre quelqu'un...

D'une certaine manière, ce qui me fait peur, ce n'est pas la mort, mais la souffrance et la dépendance. Je n'ai pas peur de mourir. Je pense être un homme profondément croyant. Si je crois vraiment à ce que j'affirme dans la foi, il n'y a pas de problème: à ma mort, j'entre dans une nouvelle vie qui se continuera.

Avec des gens que j'accompagne dans la mort, j'aborde assez vite la discussion sur ce sujet.

Hubert Reeves m'avait déjà dit regretter, lorsque sa mère est morte, de ne pas l'avoir accompagnée en reconnaissant «Je sais que tu vas mourir», mais d'avoir plutôt dit ce que la plupart d'entre nous avons tendance à dire: «Non, non. Ça va bien aller...» Quand vous abordez un mourant, quel est votre style?

Si on me dit que la personne n'est pas capable de faire face à son destin, d'accepter sa mort, je n'en parlerai pas. Mais jamais je ne lui dirai: «Ça va bien aller! Ne vous inquiétez pas...» Non! Si ce n'est pas vrai, ce n'est pas vrai! Et j'ai constaté, d'ailleurs, qu'avec la plupart des gens, une fois qu'ils ont accepté l'idée qu'un jour leur vie doit finir, il est possible d'avoir un dialogue en profondeur, d'aborder la question des relations avec Dieu. Il m'arrive de dire très ouvertement à des mourants: «J'ai des commissions à faire à Dieu: veux-tu les apporter?» J'y crois vraiment. Je me souviens d'un confrère jésuite, aujourd'hui décédé, que j'ai beaucoup aimé. La veille de sa mort, nous avons passé deux heures à prier ensemble; je lui donnais les commissions que je voulais qu'il apporte à Dieu. Je pense que ce partage l'a aidé, et moi, ça m'a rendu bien service.

■ *Avez-vous peur de la mort?*

De la mort, non; de la souffrance, oui; d'être dépendant des autres, oui. Voilà ce qui me fait peur. Mais de la mort, non: je vais enfin rencontrer Celui avec qui je jase depuis des années! J'ai hâte de le voir.

■ *Pas de doutes là-dessus?*

Non. J'ai de la chance à ce sujet, je n'ai pas peur de la mort.

■ *Êtes-vous parfois en panne de prière?*

Des fois, je n'ai pas le goût de prier; des fois, je n'ai rien à dire. Ce n'est jamais facile. J'ai parfois beaucoup de choses à dire. Vous avez dû vous en rendre compte, je suis un verbo-moteur. Je n'ai donc pas tellement de difficulté à me mettre à parler, et j'ai suffisamment de sujets pour alimenter ma prière...

Je parle à Dieu comme on parle à un ami. Des fois, je lui dis: «Seigneur, vois à ton Église! Il y a telle chose... si tu n'y vois pas, Seigneur, ne compte pas sur moi! Elle est à toi, l'Église, pas à moi.» Nous nous parlons ainsi... et il est rare que je sois à bout d'arguments. Parfois, je ne sais pas trop quoi lui dire, parfois je suis plus fatigué... c'est peut-être les moments où je fais la meilleure prière, parce que je le laisse parler un peu! Mais en général, je ne manque pas de sujets de prière.

Bien sûr! Je lui parle fort quand j'apprends par exemple qu'un de mes amis ou collaborateurs est atteint d'une grave maladie. Je lui décris la situation bien humainement, avec tout ce que je suis, et j'attends... Je lui dis: «Écoute, aide-moi à passer à travers cette épreuve parce que moi, je ne comprends pas.» Devant un événement: «Seigneur, ça n'a pas de bon sens de venir chercher cet homme-là ou cette femme-là! Nous avons besoin de lui! Seigneur, il y en a tellement d'autres qui veulent partir....» Je lui parle comme ça; c'est ma prière. De temps en temps, il me tranquillise; une paix s'établit, une sorte d'acceptation, pas une démission, simplement un état de confiance. Comme je connais l'Évangile par cœur, des passages me viennent à l'esprit: «Je t'ai dit que je serais avec toi jusqu'à la fin des temps. Ne t'inquiète donc pas!» J'ai souvent le réflexe — enfin, je pense que c'est lui qui me le donne — de me dire: «Tu prêches aux autres la confiance... tu pourrais peut-être la pratiquer un peu, toi aussi!»

JEAN-CLAUDE TURCOTTE PAPE?

▨ *Vous devez pouvoir y penser: vous êtes cardinal. Rêvez-vous d'être pape?*

Pas du tout! Et je vais me débattre comme un diable dans l'eau bénite pour ne pas que cela m'arrive! D'abord, je ne parle pas l'italien.

Non! Blague à part, je n'ai aucune ambition de ce côté-là et je pense que je ferais un très mauvais pape. Enfermé dans un cadre rigide, je ne pourrais pas fonctionner. Un pape ne peut pas donner d'interview, il ne peut pas parler très librement. Et chaque fois qu'il prend la parole, les gens s'imaginent qu'il est infaillible! Je pense que ça prend quelqu'un de plus... saint que moi! Un homme de prière plus grand, un homme aussi d'une intelligence plus spéculative, quelqu'un qui a évolué dans les hautes sphères de l'Église. On ne s'improvise pas pape! Je suis archevêque de Montréal. Je ne l'ai jamais cherché mais, après coup, quand je regarde ma vie, je prends conscience que j'ai changé de travail à peu près tous les trois ou quatre ans. J'ai été vicaire deux ans; aumônier de la J.O.C., trois ans; je suis allé étudier; je suis revenu deux autres années dans l'action catholique; deux ans responsable de la formation des séminaristes, formation des prêtres; aux paroisses; ensuite, procureur; puis coordonnateur de la pastorale. J'ai œuvré dans une grande variété de milieux. Après coup, je peux affirmer: «Le Seigneur me préparait à être archevêque de Montréal.» L'Église de Montréal, je la connais comme le fond de ma poche! Je connais tous les prêtres: tout le monde, ou presque, m'appelle Jean-Claude... Mais de là à dire que je suis préparé pour les problèmes auxquels fait face le pape... c'est bien différent!

▓ *Vous savez, Jean XXIII, personne ne le voyait pape. Et pourtant, il a permis de grandes transformations dans l'Église.*

Oui, mais Jean XXIII avait passé sa vie dans la diplomatie. S'il y en a un qui connaissait bien les méandres de ce monde, c'était lui! Il avait été évêque dans un diocèse pendant un certain temps, nonce dans les

Balkans, puis nonce à Paris, un poste prestigieux. Même chose pour Paul VI.

Jean-Paul II a travaillé énormément au concile Vatican II. De plus, en tant qu'évêque de Cracovie, c'est lui qui visitait toutes les colonies polonaises à travers le monde. Il a voyagé énormément; il est venu au Canada deux fois, au moins, avant d'être élu pape. Après coup, quand on regarde son itinéraire, on voit qu'il était bien préparé pour les fonctions qu'il occupe aujourd'hui. Et puis, c'est un saint, lui! Moi je ne le suis pas... et j'en suis bien conscient.

Pour vous, Jean-Paul II est un saint. Mais est-il infaillible?

L'infaillibilité est une notion technique très précise qui ne s'applique que très rarement. Mais les gens s'attendent à ce que le pape, dans son enseignement régulier, ait davantage raison que n'importe qui. Le problème est souvent dans la façon dont les gens reçoivent l'enseignement du pape. Si le pape dit: «J'ai chaud», certains pensent que c'est une vérité à laquelle ils doivent croire, sous peine d'aller directement en enfer. Je caricature, mais vous voyez ce que je veux dire. Cela signifie que la moindre parole du pape prend un caractère officiel, c'est pourquoi il ne peut pas facilement improviser. Moi-même, quand je parle en public, devant une foule, j'ai toujours un texte écrit, pour pouvoir préciser ma pensée et éviter qu'on interprète mal ce que je dis... D'ailleurs, plusieurs personnes dans ma position n'aiment pas aller devant les médias pour cette raison; il est impossible d'avoir à l'avance des réponses toutes faites; il faut avoir un certain goût du risque. Vous savez, quand je parais à la télévision ou que je fais certaines déclarations, il est très rare que je ne reçoive pas une ou deux lettres de bêtises pour avoir dit des choses de telle ou telle façon. Moi, je ne m'en fais pas trop, mais il y a des gens que ça fatigue profondément. Alors pour le pape, c'est bien plus important que pour n'importe qui d'autre.

■ *Mais sur l'infaillibilité du pape... que reste-t-il de zone d'infaillibilité dans votre esprit?*

Il en reste beaucoup; le pape n'est infaillible que lorsqu'il se prononce *ex cathedra*, donc de son siège de Rome, sur une vérité de foi ou de mœurs et qu'il dit expressément qu'il veut engager l'infaillibilité. Cela s'est produit pour la dernière fois à la proclamation du dogme de l'Assomption par Pie XII, si je me souviens bien. Jamais plus depuis ce temps un pape — ni Paul VI ni Jean-Paul II — n'a engagé l'infaillibilité au plan formel. Par ailleurs, cela ne signifie pas qu'on ne doive pas prendre au sérieux l'enseignement du pape. Mais devant ce qu'il dit, je n'ai pas à réagir en disant: «Ce qu'il a dit, je vais le croire et lui donner mon adhésion totale, comme si c'était la Parole de Dieu.» Mais plutôt, dans ma recherche théologique, dans ma recherche de vérité, je dois prendre très sérieusement cet enseignement donné par quelqu'un dont c'est la fonction et je ne peux le contredire sans raisons très graves.

Je pourrais ajouter que l'infaillibilité a été confiée par le Christ à son Église — le «pouvoir des clés» — au collège apostolique, à Pierre et à ses compagnons. Quand le dogme de l'Assomption a été proclamé, tous les évêques du monde avaient été consultés et il a fallu qu'une immense majorité d'évêques l'acceptent pour qu'on en fasse un dogme. Cela ne s'est pas produit souvent dans l'histoire de l'Église. Mais malheureusement, des gens ont mal compris la notion d'infaillibilité.

Je me souviens, lorsque j'étais séminariste, nous avions des discussions à ce sujet. Tout ce que le pape dit n'est pas automatiquement de nature infaillible. Quand c'est infaillible, ça fait partie du donné révélé; on a l'obligation d'y croire. Les catéchèses primitives, le *Je crois en Dieu*, entre autres exemples, présentent le fondement de la foi. Une lettre encyclique n'a habituellement pas le même caractère. En général, il s'agit d'un message destiné aux évêques et aux fidèles du monde, ou d'une partie du monde, par lequel le pape donne un enseignement dans le but d'éclairer le peuple de Dieu sur une question importante. Il y a quelques années, le pape Jean-Paul II donnait à l'Église l'encyclique *Familiaris consortio* qui demeure une référence majeure sur les réalités chrétiennes de la famille. Pour faire le point sur des questions comme celles-là, des questions qui intéressent l'Église dans un temps donné, il n'est pas toujours nécessaire de recourir à l'infaillibilité. Mais cela ne veut pas dire qu'on ne doit pas prendre cet enseignement au sérieux.

L'héritage de Jean-Claude Turcotte

■ *Vous avez beaucoup parlé de continuité: savoir d'où je viens, où je vais. Quelle sera la marque de Jean-Claude Turcotte dans l'Église du troisième millénaire?*

Quand je me prends à rêver, à me demander ce que j'aimerais qu'on se souvienne de moi, il y a deux choses. La première, c'est un retour à Jésus Christ et à son message; pour moi, c'est fondamental. J'espère qu'on dira de moi: «Turcotte, il nous prêchait l'Évangile, il nous parlait de Jésus Christ.» Plutôt que de parler de l'Église, de ses problèmes ou de n'importe quoi d'autre, j'aime ramener à Jésus Christ et à son message: pour moi, c'est prioritaire.

■ *En ce sens, Jean-Paul II parle comme vous. Est-ce que c'est l'Église de Jean-Paul II, ce retour aux sources?*

Je suis porté à le penser; mais je ne suis pas sûr que toutes les Églises le suivent dans ce sens. Là-dessus, j'aimerais qu'il y ait parfois moins de politique au sens général et encore plus d'évangélisation. Mais je suis un partisan tout à fait inconditionnel de la nouvelle évangélisation. C'est ce qui est premier.

Le second point que j'aimerais qu'on retienne de moi, nous en avons parlé un peu plus tôt. De même que je mets l'accent sur l'Évangile et sur le Christ, j'aimerais qu'on dise de moi: «Jean-Claude Turcotte ne désirait pas une Église monolithique. Il n'était pas embêté par le fait que des gens prennent des directions différentes.»

Une dernière question. Je vous souhaite longue vie... mais si vous aviez à faire votre testament de cardinal aujourd'hui, que diriez-vous à vos fidèles?

Continuez à aimer Jésus Christ et à prêcher son message, même si vous êtes différents les uns des autres. Vos différences ne sont pas importantes. L'important, c'est que vous aimiez Jésus Christ et son message. L'Église est là pour vous soutenir. Elle est au service du monde, elle ne vit pas pour elle-même.

Cardinal Turcotte, je vous remercie pour cet entretien.

«J'ai découvert
un homme
beaucoup
plus complexe
que je ne le croyais.»
(P. Maisonneuve)

Épilogue

Que retenir de ce témoignage du cardinal Turcotte?

Pour ma part, j'ai découvert dans cette rencontre un homme beaucoup plus complexe que je ne le croyais. Homme moderne, à l'aise dans l'Église d'aujourd'hui, mais, en même temps, homme du passé attaché à un cadre traditionnel qui lui convient, qui le protège dans une certaine mesure. Un homme qui conserve en lui l'idéal du prêtre en milieu ouvrier qu'il aurait pu être, pas malheureux cependant d'avoir été propulsé au plus haut sommet de la hiérarchie catholique. Il se sent bien dans la fonction d'archevêque de Montréal, heureux de son titre de cardinal.

Après tant de remises en question dans l'Église, le cardinal Turcotte n'est pas l'homme du doute. Il exprime dans des mots simples la profondeur de sa foi, refusant de s'enfermer dans des débats théologiques. Il a ses mots clés, ses passages préférés de l'Évangile, ses formules choc pour faire passer son message. Il est compris de tous.

Le cardinal Turcotte est un homme d'une très grande fidélité à sa famille d'abord, à son Église et au pape. Car il est bien l'homme de Jean-Paul II. Il a profondément intégré le recentrage du discours catholique imposé par le pape polonais.

Jean-Paul II peut dormir en paix. Le diocèse de Montréal est entre les mains d'un prêtre à son image qui ne renie rien de la tradition de son Église entrant dans le troisième millénaire.

Loin de la superbe grandeur du cardinal Paul-Émile Léger ou de la discrétion légendaire de Paul Grégoire, ses deux prédécesseurs, Jean-Claude Turcotte a redonné au discours de son Église une place de choix dans les grands médias. Il a démontré qu'elle avait encore son mot à dire. Avec lui, elle est de retour sur la place publique.

Est-il le missionnaire dont l'Église avait besoin pour reconquérir les cœurs?

Le temps le dira. Et l'Église a du temps devant elle.

Pierre Maisonneuve

Table des matières